Luigi Gaggero

Eine natürliche Geste
Praktische Überlegungen zum Dirigieren und Gedanken zur Musik

Luigi Gaggero, gebürtiger Genuese, hat die Bühnen der renommiertesten Konzerthäuser Europas bereichert. Derzeit ist er Chefdirigent und künstlerischer Leiter des Kyiv Symphony Orchestra sowie musikalischer Leiter und Mitbegründer des Ukho Ensemble Kyiv, das hochgelobte CDs mit zeitgenössischem Repertoire aufnimmt. Vor seiner Dirigentenlaufbahn war Gaggero 25 Jahre lang als Cimbalomspieler und Schlagzeuger tätig und arbeitete mit den besten europäischen Orchestern und Ensembles unter der Leitung von Dirigenten wie Abbado, Barenboim, Boulez, Hannigan, Harnoncourt, Muti, Petrenko und Rattle zusammen. Er ist Professor an der Académie Supérieure de Musique in Straßburg.

www.luigigaggero.com

Erstausgabe 2023

Gesetzt in der Simoncini Garamond und der Avant Garde
Satz und Umschlaggestaltung: wolke verlag

ISBN 978-3-95593-265-7

Luigi Gaggero

Eine natürliche Geste

Praktische Überlegungen zum Dirigieren und Gedanken zur Musik

Inhalt

Vorwort

Damals, um die Jahrtausendwende, tourte ich mit verschiedenen Ensembles viel zu Festivals für zeitgenössische Musik, trat auf und begegnete vielen Komponisten und Musikern. Während dieser Zeit lernte ich glücklicherweise irgendwo auch Luigi Gaggero kennen.

Im fensterlosen Frühstücksraum irgendeines Hotels mit weißen Tischdecken und einer spärlichen Auswahl an Gebäck saßen wir zum ersten Mal zusammen. Vielleicht war es in Vilnius? Oder war es Straßburg? Huddersfield? Nein, nein. Keine weißen Tischdecken in Huddersfield. Vielleicht in Porto? Italien... Ja, ich glaube, es könnte Italien gewesen sein. Wir kamen schnell über ein paar Begrüßungsfloskeln und Plaudereien hinaus in einen echten Dialog, wie er alle unsere Gespräche in den kommenden Jahren prägen sollte.

Bei diesem ersten Gespräch erinnere ich mich an die Sorgfalt, mit der Luigi jedes Wort bedachte und sich feinfühlig die Zeit nahm, das perfekte zu finden, das genau ausdrückte, was er sagen wollte. Beim Sprechen bewegte er seine Hände auf eine ganz eigene Weise; seine geschmeidigen Finger tasteten die Luft nach Konsonanten und Vokalen ab. Es gab Pausen. Und wir sprachen über Musik, über Komponisten von heute und damals, die wir kannten und bewunderten oder von denen wir wünschten, wir hätten sie gekannt: Gesualdo, Monteverdi, Kurtág. Und unter dem sprachlichen Austausch floss Musik, auf der Suche nach der Natur einer Phrase, ihrer Betonungen und der eigenen Sprache der Rhetorik, auf der Suche nach dem Fluss einer Geste, nach Atem und Stille. Stille. Ich glaube, in diesem einen Frühstücksraum lief ausnahmsweise mal keine Musik über die Lautsprecheranlage.

Die Zeit führte uns 2011 wieder zusammen auf die Bühne und zwar zu meinem offiziellen Dirigierdebüt im Châtelet in Paris. Luigi stand direkt vor mir und spielte den Cimbalom-Part in Strawinskys *Renard*. Für alle, die es noch nicht wissen: Er gehört zu den großen Cimbalomspielern dieser Welt. Luigi an diesem Abend im Châtelet in der ersten Reihe zu haben, gab mir die so nötige zusätzliche Erdung, mit der ich auf die Bühne treten konnte.

Bei unserer nächsten Zusammenarbeit führten wir eine Reihe von Kurtág-Liedern, *Hét Dal,* für Sopran und Cimbalom, auf. In gewisser Weise dirigierte Luigi von seinem Instrument aus. Der Atem vor dem Ton und die Geste mit den lederbespannten Cimbalomklöppeln waren immer authentisch und dem, was kommen würde, gänzlich treu. Niemals genau das Gleiche, aber immer wahr. Es war so klar, wo ich anfangen musste. Dieser erste Auftakt bei unserer allerersten Probe für die Kurtág-Songs, hoch oben in seiner Pariser Dachgeschosswohnung, war einer dieser Lebensmusikmomente, die für immer in meinem inneren Fotoalbum festgehalten sind. Atem. Stille. Geste. Klang.

Ich wünschte, viele junge Musiker und Musikerinnen hätten dabei sein können, um dieses Gefühl für Raum und Zeit, das Luigis Musikalität kennzeichnet, durch eine Art alchemistische Osmose in sich aufzunehmen. Aber als ich 2017 eine junge Dirigentin, die mir damals assistierte, in die intime Probensituation einlud, um zuzusehen und zuzuhören, war sie innerhalb von fünf Minuten an ihrem Telefon, ohne etwas von der

Konzentration mitzubekommen (vielleicht sogar im Versuch, sie fernzuhalten). Ich war völlig niedergeschmettert. Meine Erwartungen waren unrealistisch gewesen. Wenn ich darüber nachdenke, kann ich nur annehmen, dass Luigis Art, Musik zu leben, zumindest zu diesem Zeitpunkt ihres Lebens über sie hinausging.

Luigis Art zu denken und zu arbeiten ist in der Tat nicht jedermanns Sache. Seine Methoden der Vorbereitung könnten als extrem, kompromisslos und utopisch empfunden werden. Aber für ihn ist es der einzige Weg. Manch einer könnte meinen, es sei nicht möglich, nicht nachhaltig, nicht realistisch (!), all diese Perspektiven des Musizierens (die nun in diesem Buch so poetisch niedergeschrieben sind) zu berücksichtigen, angesichts des Tempos, in dem wir Musiker anscheinend Ergebnisse produzieren müssen, vor allem angesichts der kurzen Probenzeiten von ein paar Tagen. Es ist nicht genug Zeit! Aber genau da bleibt Luigi Gaggero authentisch und genau da ist es notwendig, deshalb muss Zeit gefunden oder geschaffen werden.

Eine natürliche Geste ist eine Philosophie des Klangs, für Musiker, für Dirigentinnen, und in übertragener Weise für jede, die sich tief in das versenkt, was sie begeistert. Es ist die wunderschöne Erkundung eines Weges. Beim Lesen musste ich manchmal lächeln, manchmal empfand ich Bedauern oder hatte Schuldgefühle für die Momente, in denen ich aus dem einen oder anderen Grund Kompromisse eingegangen bin. Am meisten empfand ich Erleichterung darüber, dass es dieses Buch jetzt gibt und dass ich und andere Musiker es lesen und zu ihm zurückkehren können. Die Arbeit mit Luigi hat mich zu einer besseren Musikerin gemacht. Die Lektüre dieses Buches macht mir Lust, wieder an die Partituren, in den Probenraum und auf das Podium zu gehen, um der Musik auf einer immer tieferen Ebene zu dienen. Und auch, um zu erkennen, dass man sich nicht nur in der Musik vergraben, sondern durch Philosophie, Selbstverwirklichung und Rhetorik sein authentisches und gesundes Wesen nähren muss, um zur Stille zu gelangen, die dem Klang vorausgeht.

Barbara Hannigan, Oktober 2023

Einleitung

Es gibt bereits zahlreiche Handbücher zum Dirigieren von Orchestern (und Chören), die von bedeutenden Pädagogen oder versierten Dirigenten verfasst wurden. Viele dieser Bücher enthalten akribische technische Schematisierungen davon, wie man dirigiert, und bieten wertvolle Anleitung zum Studium einer Partitur und zur Probenvorbereitung. Nicht selten enthalten sie auch technisch-musikalische Betrachtungen zu bestimmten Passagen berühmter Kompositionen.

Das vorliegende Werk jedoch hat nicht die Absicht, sich in diese bereits umfangreiche Bibliographie einzureihen. Im Gegenteil, es entsteht in erster Linie aus dem Bedürfnis, jene *unsichtbaren Prozesse* zu untersuchen, die die eigentliche Voraussetzung und Ursache für die Gesten eines Dirigenten darstellen. Dazu gehören das Zuhören, die Wahrnehmung von Zeit, das Verständnis der Form, die Empathie und anderes mehr. Ohne ein gründliches Verständnis dieser Prozesse läuft jede rein *technische* Studie Gefahr, nutzlos oder irreführend zu sein.

Die Essenz des Dirigierstils eines Dirigenten oder einer Dirigentin kann *niemals* allein durch äußere Beobachtung erfasst werden, sei es durch die Analyse des Schlagmusters, die Art und Weise, den Taktstock zu halten, oder mit welcher Hand und welchen Bewegungen eine Phrasierung angedeutet wird. Denn all diese Aspekte und viele andere sind in erster Linie das *Ergebnis* einer bestimmten Art und Weise, die Zeit zu *durchleben*. Denken Sie beispielsweise an die *kartesische Zeitlichkeit*, die von Pierre Boulez verkörpert wird, die *metaphysische Zeitlichkeit*, die von Herbert von Karajan hervorgerufen wird, oder die *menschliche Zeitlichkeit*, die Nikolaus Harnoncourt inspiriert. Vor allem sind es diese verschiedenen *Zeitkonzeptionen* oder, um einen weniger modischen Begriff zu verwenden, *spirituellen* Konzeptionen, die die Technik dieser drei Dirigenten beeinflussen, ihre Phrasierung, ihre eigentliche Vorstellung davon, was eine *musikalische Phrase* ausmacht, ihre nonverbale Kommunikation mit dem Orchester.

Der Aspekt der *Zeitlichkeit* ist grundlegend, obwohl, wie wir sehen werden, auch andere Elemente dazu beitragen, unseren Stil als Musiker zu formen. Wir hoffen, dass diese *Praktischen Überlegungen* etwas Licht auf diese Aspekte werfen können: Nur durch ein besseres Verständnis unserer Poetik (der wir uns oft nicht ausreichend bewusst sind) können wir echten interpretatorischen und technischen Fortschritt erzielen. Erst in der Frage nach unserem *Warum* können wir unser *Wie* entdecken und über ein technisches Denken hinaus unsere eigene, *natürliche Geste* (wieder)entdecken.

I
Die Kunst des Orchester-dirigierens: Das Zuhören

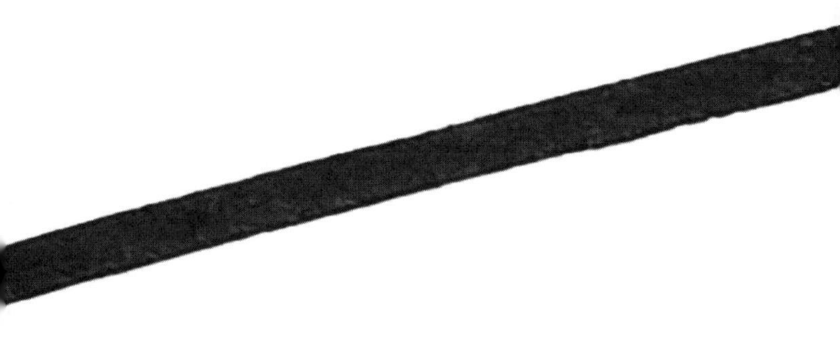

Während der Aufführung einer Komposition beeinflusst die Dirigentin eine Vielzahl von Parametern – Tempo, Dynamik und Charakter sind nur einige davon. Vor allem aber *hören Dirigenten zu* – oder sollten es zumindest tun. Das *Zuhören* (oder dessen Fehlen), das sie zeigen können, wird sich stark auf ihr Orchester und das musikalische Ergebnis auswirken, noch bevor konkrete interpretative Entscheidungen getroffen wurden.

Während jeder versierte Musiker versteht, dass ein Mangel an Zuhören immer zu einer schlechten Ausführung führt, ist es vielleicht weniger offensichtlich, daran zu denken, dass es *viele verschiedene Arten des Zuhörens* gibt. Diese verschiedenen Arten des Zuhörens beinhalten unterschiedliche Wahrnehmungen von Zeit, Rhythmus, Phrasierung und Klang, was das gleiche Orchester jedesmal ganz anders klingen lässt.

Ohne Anspruch auf Vollständigkeit zu erheben, möchten wir einige Typen des Zuhörens unterscheiden:

Das metaphysische Zuhören (oder rituelles Zuhören)

Wer kann die Videos von Herbert von Karajan vergessen, der mit geschlossenen Augen dirigiert, langsam seine Hände bewegt und nach mehreren Sekunden, die eine Ewigkeit zu dauern scheinen, von dem Orchester fast magisch einen perfekt gespielten Akkord erhält, ohne offensichtliche Ursache-Wirkungs-Beziehung zur vorherigen Geste? Vielleicht sind es gerade diese geschlossenen Augen, die den entscheidenden Aspekt enthüllen: Karajan konzentriert sich auf *sein innerstes Verlangen*, und seine Aufmerksamkeit verschmilzt vollständig mit der musikalischen Idee. Diese absolute Konzentration auf die Musik führt ihn jedoch nicht dazu, die Menschen um ihn herum zu ignorieren (die Orchestermusiker, das Publikum), sondern sie in beispielloser Intensität wahrzunehmen, *durch die Linse des musikalischen Zuhörens*. Das tiefgehende Zuhören des musikalischen Verlangens *erleuchtet* wie die Sonne die umgebende Welt und schmiedet eine fast rituelle Verbindung. Leni Riefenstahl[1] paraphrasierend könnten wir sagen, dass der Wille von Karajan „triumphiert“, dabei eine *empathische* Reaktion bei den Musikern hervorruft

1 Riefenstahl und Karajan wurden, wie viele andere deutsche Künstler dieser Zeit, 1944 in die sogenannte „Gottbegnadeten-Liste“ aufgenommen, eine Auszeichnung des Nationalsozialistischen Regimes für Kunstschaffende, die vor allem eine Freistellung vom Kriegsdienst mit sich brachte – um für Propaganda zur Verfügung zu stehen.

und sie dazu führt, *dasselbe zu wollen*. Wir befinden uns nicht in der *Zeitlichkeit des Alltags*, sondern in der des *Heiligen*: Wir sind nicht Zeuge eines Konzerts, sondern eines Ritus, bei dem die Beziehung zwischen dem Offizianten und den Initiierten *empathisch* stattfindet – und somit über eine metrisch *messbare* Beziehung zwischen dem Taktstock des Dirigenten und dem Klang des Orchesters hinausgeht.

Das kartesische Zuhören (und sein Schaden für die zeitgenössische Musik)

Pierre Boulez schrieb in *Penser la musique aujourd'hui* einen Satz, der seine Poetik vielleicht besser zum Ausdruck bringt als jeder andere: „In der glatten Zeit besetzt man die Zeit, ohne sie zu zählen; in der gekerbten Zeit zählt man die Zeit, um sie zu besetzen".[2] Wir befinden uns am Karajan entgegengesetzten Pol: Während der österreichische Dirigent seine Augen schloss, um noch stärker in seine *Erfahrung* der Zeit einzutauchen, hält Boulez sie weit offen, um sie zu *zählen*. Für den französischen Dirigenten ist die Zeit keine *Erfahrung*, sondern ein abstraktes, externes *Objekt*, das *besetzt* werden kann. Diese ‚*Besetzung*' erfolgt durch eine starre zeitliche

2 Boulez definiert ‚gekerbte Zeit' und ‚glatte Zeit' als zeitliche Intervalle, innerhalb derer eine Pulsation wahrnehmbar ist oder nicht, entsprechend. (Boulez, *Musikdenken heute. Aus dem Französischen übertragen von Josef Häusler u. Pierre Stoll*, Mainz, 1963, S. 72f.)

Struktur, eine Art Käfig, in dem Rhythmen gezähmt werden (1-2, 1-2, 1-2-3,...). Boulez' theoretische Voraussetzungen finden eine perfekte Veranschaulichung in seinem Dirigierstil, in dem das Verhältnis von Geste und Ergebnis sehr klar und unzweideutig ist; fast wie bei einem Metronom folgen die *Schläge* unnachgiebig aufeinander. Es ist auch bemerkenswert, dass Boulez zwischen den Schlägen oft einen Moment lang pausiert, was ein äußerst bedeutsames Detail ist: Jede Pulsation steht *alleine* und *isoliert*, denn ein *Legato* würde eine menschliche (*physische* und emotionale) Beteiligung erfordern: genau das, was er abschaffen will. In Wirklichkeit dirigiert Boulez nie die *Zeit* (die eine Erfahrung ist), sondern das *Metrum*[3] (eine messbare abstrakte Einheit, die ohne menschliches Zuhören keine Zeit besitzt).

---

3 „Boulez ist unfähig zu phrasieren. Das ist tatsächlich so. (...) Seine Art, Bach, Beethoven oder Wagner zu dirigieren, ist absolut identisch: mit all der Präzision und Durchsichtigkeit, die er aufbringen kann, mit seinem vermeintlichen Rhythmus, der in Wirklichkeit eine Metrik ist, ist er unfähig, eine Phrase korrekt zu artikulieren, weil er die harmonischen Implikationen jeder Struktur vor ihm ignoriert (...). Wer nicht phrasieren kann (...) ersetzt das Phrasieren durch ein Tempo (immer zu schnell), und den Rhythmus mit einem ‚Schlag', einer pseudo-motorischen Aufregung" (Hans Keller, *1975 (1984 minus 9)*, zitiert in Pierre Boulez, *Conversations sur la direction d'orchestre* (*Gespräche mit Boulez – Gedanken zum Dirigieren*)). Unter den in diesem Buch aufgeführten Kritiken, welche Boulez' Thesen kontrastieren, scheint Kellers Kritik mit großer Scharfsinnigkeit Boulez' *Ursünde* einzufangen, was den ‚strukturalistischen' Ansatz dessen Musik damit am besten charakterisiert.

Wir möchten auch eine bedeutende Affinität zwischen Boulez und dem Schweizer Architekten Le Corbusier unterstreichen, der sagte: „Ein Haus ist eine Maschine zum Wohnen". Man könnte dieser berühmten Aussage leicht widersprechen, indem man darauf hinwiese, dass unsere prähistorischen Vorfahren das Bedürfnis verspürten, die Wände ihrer Höhlen zu bemalen, und dass die europäische Architektur in den letzten Jahrhunderten verschiedene Stile (Romanik, Gotik, Renaissance, Barock …) durchlief. Das liegt daran, dass das Haus für den Menschen nicht nur eine einfache ‚Maschine', sondern ein *Herd* ist; es hat einen *symbolischen* Wert, bevor es rein *funktional* ist.[4] Indem Le Corbusier versuchte, Häuser in Maschinen zu verwandeln, zielte er darauf ab, dieses symbolische Element zu zerstören und die Welt auf eine Ansammlung messbarer Funktionen zu reduzieren, ohne *Heiligkeit*, Geheimnis oder einfach ohne *Bedeutung*. Boulez verfolgt ein ähnliches Unternehmen in der Musik, er zerstört jedes *symbolische* Element

---

4 „In der Tradition des Westens streben die Stadt, das Haus, der Tempel, das Theater, das Stadion, die Kirche, die Burg nicht danach, ewig zu existieren, und dennoch suchen sie, die ewige Ordnung des Weltgeschehens widerzuspiegeln (…), sie streben danach, ihr eigenes Symbol zu sein. Der Mensch findet Schutz in seinen Behausungen nicht, weil er bestimmte Dienste von ihnen erhält, sondern weil ihre Funktion als Symbole des Ewigen ihnen ermöglicht, solchen Schutz zu bieten. Indem er sie auf eine Weise konstruiert, in der sie zu Symbolen des Ewigen werden, fühlt er sich durch ihre Bewohnung geschützt". (Emanuele Severino, *Tecnica e architettura* (*Technik und Architektur*), S. 89, Mailand, 2003).

darin, jede Spur von *Transzendenz*, indem er von der Kunst (per Definition *symbolisch*) zur Buchhaltung (per Definition *berechnend*) übergeht.

Der Strukturalismus, von dem Boulez und Le Corbusier bedeutende Vertreter sind, erreichte diese *symbolische Anästhesie*, um die Wunden einer von den Tragödien der Weltkriege emotional und spirituell verwüsteten Gesellschaft zu lindern. Auch wenn wir sein Projekt nicht unterstützen, können wir zumindest seine historische Rolle verstehen. Kulturgeschichtlich hatte der Strukturalismus ein kurzes Leben (und hätte kein anderes haben können, da der Mensch im absoluten Materialismus, in einer Welt reinen Kalküls nicht leben kann!). Aber aus der Perspektive des Orchesterdirigierens schuf Boulez unwissentlich eine Generation von *unbewussten* Strukturalisten – Dirigenten und Dirigentinnen, die den Stil des französischen Maestros mit dem Dirigieren zeitgenössischer Musik *tout court* in Verbindung bringen. Eine Dirigiertechnik, die darauf abzielte, „die Zeit durch Berechnung zu besetzen“, weil sie das unmessbare (und somit unkontrollierbare) romantische *Pathos* der Furtwängler-Generation *fürchtete*, wurde aus ihrem Kontext herausgelöst und wird noch heute von Boulez-Epigonen verwendet, die ihre Musiker gleichzeitig bitten, mit größeren dynamischen Kontrasten, ausdrucksvoller oder mehr Legato zu spielen, ohne zu verstehen, dass die Boulez'sche Technik genau dazu dient, Kontraste, Legato und Ausdruck zu beschränken. Diese Imitatoren sind leider verloren, weil sie zwar keine strukturalistische Vorstellung, aber doch die entsprechende technische Maske angenommen haben, die jede andere Art eines musikalischen Ansatzes ausschließt. Deshalb glauben wir, dass ‚neue Musik' immer mehr gute Interpretinnen finden wird, je weiter sie sich allmählich aus dem Kreis der spezialisierten Musiker entfernt – das heißt, von den *Strukturalisten die nicht wissen, dass sie es sind.*

(Liebevolles) Menschliches Zuhören

Dirigenten so unterschiedlich wie Arturo Toscanini, Claudio Abbado, Simon Rattle, Nikolaus Harnoncourt oder John Eliot Gardiner berichten alle von einer unserer Ansicht nach sehr ähnlichen Erfahrung des Zuhörens. Dieses Zuhören verweist nicht direkt auf eine Transzendenz, sondern vielmehr auf ein tief menschliches *Hier und Jetzt*. Es möchte die Zeit nicht *suspendieren*, sondern lässt sie sanft *fließen*. Es impliziert keinen *kosmischen* Atem, sondern einen *menschlichen* Atem in all seinen unendlichen Variationen: ein liebevoller, ängstlicher, freudiger, zitternder, verzweifelter Atem – unzählige Adjektive könnten die Möglichkeiten nicht erschöpfen. In diesem Zuhören gibt es – im Gegensatz zum kartesischen Zuhören (das in Wirklichkeit eine Form des Nicht-Zuhörens ist) – *Legato*, sogar wenn der Klang fragmentiert ist. Dieses Legato ist eine

Konsequenz der *Liebe* für das Gehörte, es ermöglicht *Singen und Tanzen* und verklärt selbst die tragischsten Emotionen des Lebens mit *Anmut*.[5]

Dieses Zuhören findet sich beispielsweise in der Barockmusik, mindestens bis zu Beethoven. Es eignet sich weniger für die Interpretation ‚metaphysischer' romantischer Musik (eine ‚humanistische' Wagner-Interpretation, frei von jeglicher Heiligkeit, riskiert, den *Fliegenden Holländer* wie den Soundtrack von *Harry Potter* klingen zu lassen!!), aber es wäre ideal für viele zeitgenössische Werke (als Alternative zum kartesischen *Solfège*).

(Nicht-liebendes) Horizontales Zuhören (oder die Illusion der Transparenz)

Wir möchten eine letzte Form des Zuhörens beschreiben, die scheinbar der zuvor beschriebenen ähnelt: ein *horizontales* Zuhören, typisch für Orchester, die ohne Dirigentin spielen, oder sogar für einige oberflächliche Interpreten. Es ist ein dem *Fluss* der Musik Zuhören, dem *Groove*, der Interaktion zwischen den Musikern und Musikerinnen. Es stimmt, dass viele Dirigenten

---

5 Die Idee eines legato-Singens, das in der Lage ist, die fragmentierten Erfahrungen mit Anmut zu transfigurieren, die „die Seele durchbohren / und sie für immer beflecken", findet exemplarischen Ausdruck in der Gedichtsammlung *Cantabile ostinato* von Silvana Torto (Herausgeber: Albatros, Rom 2013, Vorwort von Luigi Gaggero).

nicht einmal über diese Art des Zuhörens verfügen, indem sie sich lästig zwischen ihre Musiker und die Musik stellen. Diese Form des Zuhörens hat eine entscheidende Einschränkung: da sie sich *ausschließlich* auf den Fluss, die Horizontalität der Musik konzentriert, werden die *Bedeutungen* der gehörten musikalischen Gesten *überhört*.

Die aus diesem *horizontalen Zuhören* entstandenen Interpretationen sind typischerweise leicht, transparent, sie swingen und vermitteln oft ein Gefühl von Wohlbehagen und Freude unter den Musikern. Ihnen fehlt jedoch ein vertikales Verständnis dessen, was gehört wird, eine Erkenntnis der spezifischen *Bedeutung* jeder gespielten Note (die wir im ‚humanistischen' Zuhören finden). Es fehlt die *Verantwortung*, sich dem zu widmen, was eine Note oder eine Phrase bedeuten. Es fehlt, kurz gesagt, diese *Liebe*, die die Grundlage einer solchen Erkenntnis bildet.

Nehmen Sie die ersten berühmten vier (oder acht!) Noten der Fünften Sinfonie von Ludwig van Beethoven. Sicherlich wäre es schon angenehm, sie mit Eleganz und Musikalität zu spielen. Aber große Musik ist nie nur ‚angenehm': *Was bedeuten diese Noten?* Sind sie „der Klang der Ketten eines unterdrückten Volkes" (Harnoncourt)? Ist es „das Schicksal, das an die Tür klopft"? Sind sie ein Konzentrat von *Pathos*? Vielleicht sind sie etwas anderes, das wir einfach nicht in Worte fassen können? Nur authentische *Liebe* für diese Noten kann unsere Antwort offenbaren, was immer sie sein mag. Ohne diese Liebe und daher ohne dieses Verständnis werden wir wie jemand sein, der aufmerksam den *Klängen* einer fremden Sprache lauscht, ohne sie zu verstehen. Nur die Liebe ermöglicht es uns, von der angenehmen Auffassung eines musikalischen Flusses zur authentischen Erkenntnis jenes *Anderen* überzugehen, das durch die musikalische Partitur repräsentiert wird.

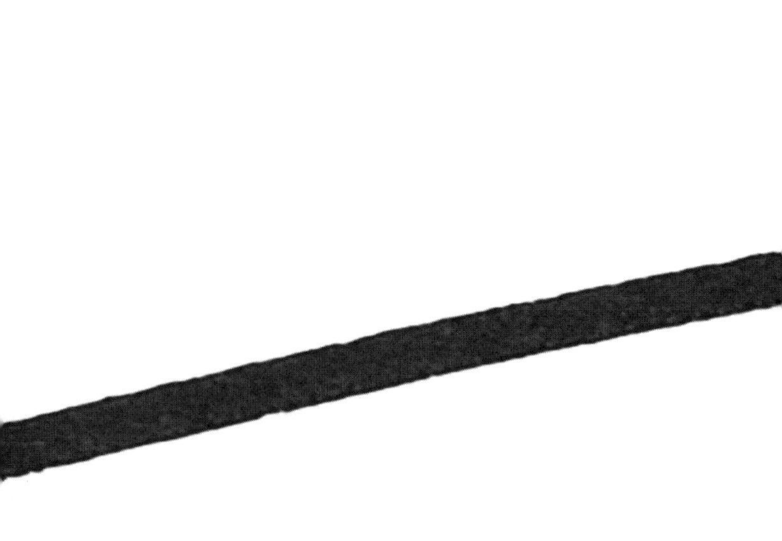

II
Die Beziehung zum Orchester: Der mächtige Dirigent und der humanistische Dirigent

Obwohl es potenziell so viele Arten des Dirigierens wie Dirigenten und Dirigentinnen gibt, können wir sie alle zwei grundlegenden Herangehensweisen an das Orchester zuordnen.

Der erste Typ des Dirigenten wird von Hermann Scherchen in seinem *Lehrbuch des Dirigierens* exemplarisch beschrieben: Ein wirklich geschickter Dirigent, so schreibt Scherchen, benötige mit einem gut vorbereiteten Orchester keine Proben, weil seine Interpretation bis ins kleinste Detail klar durch seine Hände (und seinen Taktstock) ausgedrückt wird.

Die Annahme, die dieser Idee nicht ganz explizit zugrunde liegt, ist, dass die Dirigentin diejenige ist, die die Musik versteht; sie betrachtet ihr Orchester ähnlich wie ein Pianist das Klavier betrachtet: als ein *Instrument*. Die Dirigentin versteht die Musik, übersetzt dieses Verständnis in Gesten, und das Orchester reagiert *empathisch* (Karajan) oder *analogisch* (Toscanini) auf diese Reize – es spielt, ohne das Bewusstsein dafür zu haben, *was* es tut und *warum*.

Dies ist auch heute immer noch die am weitesten verbreitete Herangehensweise ans Dirigieren, die, wie bekannt, bis zu Beethoven zurückreicht (damals galt seine Musik als so komplex, dass sie die Anwesenheit einer koordinierenden Person erforderte, die den Überblick über die Komposition hatte). Seit dem Aufkommen der Tonaufzeichnung erscheint uns Wilhelm Furtwängler als das unübertroffene Vorbild dieser Art des Dirigierens: unübertroffen in der Qualität, mit der er dem *Leben* jedes Klangs zuhörte und in seiner *spirituellen Präsenz* angesichts der Gesamtheit der Form.

Nach Ansicht des Autors beginnt mit der nächsten Generation von Dirigenten (deren Vertreter Daniel Barenboim, Sergiu Celibidache, Zubin Mehta u. a. sind) ein *Kurzschluss* der Maestro-Rolle. Die Dirigenten des späten 20. Jahrhunderts haben oft die *Gravitas*, die Würde der Maestro-Figur aus der vorherigen Generation geerbt, aber nicht ebenso tiefgreifende Weltanschauungen. Mit anderen Worten, ihre Präsenz war nicht *stark* genug, um einen wirklich wesentlichen musikalischen Beitrag zum Orchester zu leisten, aber sie war immer noch hinreichend *umständlich*, um die Musikerinnen daran zu hindern, einander zuzuhören, dem natürlichen Fluss der Musik mit Leichtigkeit und Transparenz zu folgen. Dies führte einerseits zur Entstehung von Orchestern, die sich endlich von der Rolle des Dirigenten befreit haben (vgl. *Das (nicht liebende) horizontale Zuhören*), und andererseits zu einem neuen Typus von Dirigenten, den wir gerne als ‚humanistisch' bezeichnen möchten, wie er in exemplarischer Weise von Nikolaus Harnoncourt verkörpert wird.

Harnoncourt war unserer Meinung nach ein wahrer *demokratischer Humanist*: Er wollte, dass seine Musiker verstehen, was er von ihnen verlangt, und betrachtete es als demütigend für eine Musikerin, von einer Dirigentin dirigiert zu werden, die das Orchester mit ihren Bewegungen ‚spielte'.[6]

Seine unvergesslichen Proben inspirierten die Musiker mit *Bildern*, die in der Lage waren, sofort ein emotionales Verständnis für die Bedeutung der Musik hervorzurufen.[7] Aus einer kurzsichtigen akademischen Perspektive

---

6 „Es gibt Dinge, die man nur verbal ausdrücken kann. Die Begründung für ein Diminuendo kann ich nicht mit den Händen geben. Ich finde es aber entwürdigend für einen Orchestermusiker, wenn er wie eine Klaviertaste behandelt wird; wenn er etwas machen muss, und er weiss nicht warum" (S. 37); „Je besser das Orchester ist, desto mehr Proben benötige ich. (...) Jeder Musiker muss wissen, warum ich dies und jenes von ihm will. Und er muss mindestens im Moment der Arbeit eine bejahende Position einnehmen können" (S. 135); „ich finde es menschenunwürdig für einen Musiker, von ihm zu verlangen, etwas so oder so zu spielen, ohne ihm zu erklären, warum." (S. 180); Nikolaus Harnoncourt, *Mozart Dialoge*, Bärenreiter, 2018.

7 Vergleiche dazu Sabine Grüber, *Unmöglichkeiten sind die schönsten Möglichkeiten. Die Sprachbilderwelt des Nikolaus Harnoncourt*, Residenz Verlag, 2016.

mag seine Art des Dirigierens nicht ausreichend ausgearbeitet oder strukturiert erscheinen, sogar unbeholfen: Der Musiker, der nach einer sicheren und effektiven Geste sucht, um seine Note ‚zur richtigen Zeit' zu spielen, könnte tatsächlich frustriert sein. Aber diese Kritik ergibt keinen Sinn (genauso wenig wie es sinnlos wäre, Karajans geschlossene Augen zu kritisieren), wenn man wirklich versteht, dass Harnoncourt nie nach einem *Zusammenspiel* im Sinne der *Synchronisierung* mehrerer Klänge suchte, sondern vielmehr nach einer *Einheit der Geister*, nach einer liebevollen Teilung der gerade gespielten Musik. Wir sind berechtigt, gemeinsam zu spielen (im Sinne der Synchronisation), nur wenn wir *zuerst* im *Geist* ‚synchronisiert' sind.

Es bleibt zu betonen, dass Harnoncourts mit seiner Dirigiertechnik wahrscheinlich nicht in der Lage wäre, die Art von Legato zu erreichen, die Abbado erzeugt, wenn er Mahler dirigiert. Umgekehrt wäre es mit Abbados raffinierter Dirigiertechnik unmöglich, die *spirituelle Präsenz* und das detaillierte Verständnis jeder Beethoven'schen musikalischen Figur heraufzubeschwören, wie Harnoncourts es mit seinem unnachahmlichen Dirigierstil erreicht.

Zusammenfassend halten wir es für wichtig festzustellen, dass das Verständnis, zu dem Harnoncourt seine Musiker und Musikerinnen führt, nicht unbedingt *bes-*

sere musikalische Ergebnisse liefert, aber mit Sicherheit solche, die sich völlig von denen unterscheiden, die mit der Scherchen'schen Art des Dirigierens erzielt werden. Die Beziehung zwischen dem Orchester und einem humanistischen Dirigenten wird eher *enthusiastisch* als *empathisch* sein. Die Interpretationen werden weniger metaphysisch oder rituell klingen, aber im Gegenzug lebhafter, emotional mitreißender, theatralischer und möglicherweise ironischer sein (*ironisch* sind große metaphysische Künstler nie …).

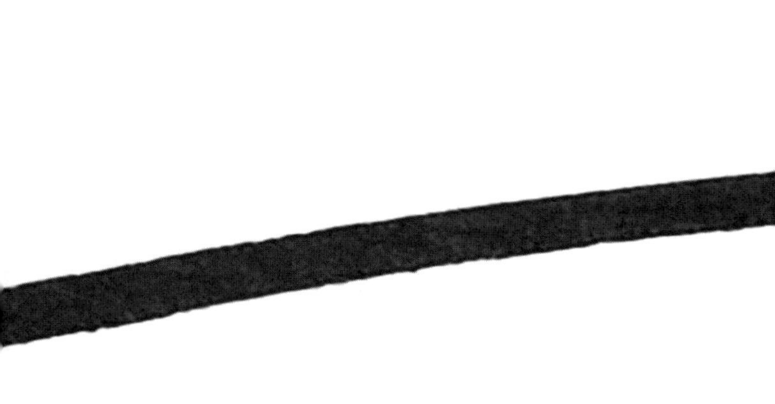

III
Mit oder ohne Taktstock?

Viele Dirigenten haben leidenschaftlich *für*, viele vehement *gegen* den Einsatz des Taktstocks plädiert, der inzwischen zum Symbol des wahren Maestro geworden ist. Andere haben in einer demokratischeren Haltung mit guten Gründen betont, dass die Angemessenheit seines Einsatzes vom Kontext abhängt (insbesondere von der *Größe des Orchesters* und dem *musikalischen Stil*).

Zu dieser unerschöpflichen Debatte möchten wir nur hinzufügen, dass der Taktstock ein *technisches Werkzeug* ist, ein *Mittel*, das eine Kraft *verstärkt* (es macht den Dirigiergestus sichtbar*er*, detailliert*er*, wirkungsvoll*er* – oder sollte es). Dieses Werkzeug trägt psychologisch dazu bei, das Orchester in eine *passive Masse* zu verwandeln, die der Dirigentin gehorcht (wenn auch unbewusst), während der Einsatz der Hände im Gegenteil das Orchester *einlädt* und es in gewisser Weise auf dieselbe Ebene wie die Dirigentin stellt. Anders gesagt: Der Taktstock *befiehlt*, während die Hand *spricht*. Die Wahl liegt bei Ihnen![8]

---

8 In der Tat verwenden wir, um einen Freund in unser Zuhause einzuladen, eher unsere Hände als einen Taktstock …

IV
Musikalischer Stil und Interpretation

Trotz der Vielzahl von Ensembles, die sich auf eine philologische Interpretation oder, wie es heute bevorzugt genannt wird, die ‚historisch informierte Aufführungspraxis' spezialisiert haben, herrscht immer noch Verwirrung darüber, was es bedeutet, einen Komponisten aus der Vergangenheit unter Berücksichtigung seines Stils zu spielen.

Lassen Sie uns gleich zu Beginn das Offensichtliche feststellen: Musikinstrumente haben über die Jahrhunderte enorme Veränderungen durchlaufen, bis zu einem Punkt, an dem sie manchmal von einer Epoche zur anderen nicht mehr wiederzuerkennen sind. Wenn man moderne Instrumente verwendet, um Musik aus der Vergangenheit zu spielen, entfernt sich die Interpretation eines Stückes noch weiter von der *Klang*wahrnehmung, die der Komponist und seine Zeitgenossen hatten. Ebenso führt Vertrautheit mit den Aufführungspraktiken einer Epoche zweifellos zu einer genaueren Aufführung.

Und dennoch, während wir uns über diese wichtigen Angelegenheiten informieren, dürfen wir niemals vergessen, dass die Wahrnehmung, die jede Epoche von der Vergangenheit hat, eine *Mode* ist, die viel mehr über die beobachtende Epoche aussagt als über die beobachtete. (Wir wissen gut, wie sich das Urteil über dieselbe historische Periode manchmal im Laufe der Jahrhunderte radikal ändern kann!) Aus diesem Grund hat heute ein Orchester, selbst wenn es historische Instrumente verwendet und die angemessenen *grammatischen Regeln* einhält, immer noch einen Klang des 21. Jahrhunderts: Unser *Zeitgeist* ist zu weit von dem der vergangenen Epochen entfernt. Wir können Bücher über die Bedeutung von Liebe, Tod, Gott in den Zeiten von Dante, Shakespeare, Bach, Beethoven lesen … und dennoch verbinden wir mit denselben Worten sehr unterschiedliche Dinge. Dieses unterschiedliche *Gefühl*, das durch *intellektuelle* Studien nicht kompensiert werden kann, impliziert auch eine völlig andere Art, *Musik zu machen.*[9]

Wie also können wir uns der Musik der Vergangenheit nähern, ohne sie zu verraten? Wie können wir uns mit dem Geist eines Komponisten verbinden, der vor

---

9 Es versteht sich von selbst, dass es, wenn eine *authentische* Erfahrung des Werthorizonts vergangener Epochen unmöglich ist, genauso unmöglich ist, die Bedeutung der in den verschiedenen Instrumental- und Gesangstraktaten von Johann Joachim Quantz, Leopold Mozart, Giulio Caccini beschriebenen Techniken *wirklich* zu erfassen. Eine Technik zu erlernen, ohne die Erfahrung der *Weltanschauung* durchlaufen zu haben, aus der sie entstanden ist, bedeutet, sie nur halbwegs zu erlernen.

Jahrhunderten lebte? Wir können diese Fragen nicht beantworten, ohne uns zuerst zu fragen: ‚Was ist musikalische Interpretation'?

Musikalische Interpretation ist zuallererst eine *Begegnung*: Die Interpretin *begegnet*, ausgehend von ihrem eigenen Wertesystem (ihrer interpretativen *Poetik*), der Musik eines Komponisten, einer anderen Person[10] mit einer gänzlich anderen *Poetik* (oder zumindest einer mit der der Interpretin nicht völlig übereinstimmenden – außer in seltenen Fällen von Wahlverwandtschaft).

So wie in einer Beziehung zwischen zwei Freunden oder zwei Menschen, die sich lieben, darf keine Seite dominieren oder von der anderen dominiert werden. Wenn ich eine Partitur aufführe und dabei nur auf meine Werte höre, verschwindet der andere (der Komponist). Wenn ich andererseits in der Illusion, den *Willen des Komponisten* zu respektieren, versuche, meine eigene Persönlichkeit verschwinden zu lassen, erreiche ich nur eine *Scheinähnlichkeit* mit dem, was ich mir als den Willen des Komponisten *vortäusche*.

Eine *authentische* Interpretation erkennt daher immer die Poetik des Interpreten als Ausgangspunkt an, worin durch *liebevolles Zuhören* die (andere) Poetik des Kom-

10 Eine andere Person, die außerdem fast immer in einem anderen Land und/oder zu einer anderen Zeit lebte.

ponisten mitschwingen wird.[11] In der Aufführung gibt sie einem Etwas Leben, das – wie ein Kind – beiden *ähnlich* sein wird, ohne tatsächlich einer von beiden zu sein.

Wenn aber, wie wir gesehen haben, die Poetik, aus der jede Interpretin auf Bach, Vivaldi oder Debussy trifft, vom *Zeitgeist* der Ära abhängt, in der diese lebt, bedeutet das, dass *jede Ära* ihren eigenen Bach, Vivaldi und Debussy haben wird. Das eingehende Studium des Stils eines Komponisten dient also nicht (wie oft geglaubt wird) dazu, unsere Aufführung *näher an seinen (vermuteten) Willen* heranzuführen, sondern vielmehr dazu, *den Traum zu formen, den wir von der Vergangenheit haben*. Durch die historische Informiertheit schärfen wir die Linse, durch die wir einen Blick auf andere Zeiten erhaschen, indem wir sie träumend verstehen.[12]

---

11 Der Interpret stellt seine eigene Poetik in den Dienst der Poetik des Anderen. In diesem *Dienst* manifestiert sich die Liebe.

12 Zum Beispiel konnte unserer Meinung nach Vladimir Horowitz dank der Tiefe seines *Traums* auch vor über einem halben Jahrhundert Mozart *authentischer* aufführen, als die meisten zeitgenössischen Fortepianisten.

V
Das Verständnis der Form

Wie wir im vorherigen Kapitel gesehen haben, *träumt* die Interpretin *einen neuen Traum der Vergangenheit* – und hilft dadurch dem Orchester und dem Publikum, ihn ebenfalls zu träumen. Dabei ist es das *Verständnis der Form*, das gewährleistet, dass dieser Traum nicht willkürlich ist.

Was ist die Form? Hier beziehen wir uns nicht auf *musikalische Formen* (Sinfonie, Sonate, Fuge …) oder die innere Struktur einer spezifischen Komposition. Wir möchten die *archetypische Gestalt* betrachten, die der musikalischen Intuition des Komponisten zugrunde liegt. In der Kunst stellt die Form die *Intuition* des Künstlers vom *Ganzen* dar: Form ist ein *Fragment*, das auf die *Gesamtheit* des Seins hindeutet.[13]

---

13 Wenn das künstlerische Wort sich nicht diesem Ganzen zuwendet, entledigt es sich seiner Bedeutung und wird zum leeren Signifikat. Nicht zufällig endet Dantes Reise in der *Göttlichen Komödie* mit der Vision des Heiligen Antlitzes, wobei betont wird, dass Poesie, um wirklich solche zu sein, sich diesem zuwenden muss, dem sinnlichen Bild des Ganzen.

Daher kennzeichnet sie die Bedeutung einer Komposition. Sie kann – ja, sie *muss* – *interpretiert* und darf dabei nicht *verraten*[14] (oder missverstanden) werden.

---

14 Dies ist nicht der Kontext, um den ontologischen Status dessen, was wir unter Form verstehen, zu klären, noch beanspruchen wir die notwendigen philosophischen Kompetenzen, um dieses Thema angemessen zu entwickeln. Wir stellen lediglich fest, dass eine Form unserer Ansicht nach in erster Linie als Archetyp existiert, noch *bevor* sie sich in einer spezifischen sinnlichen Form manifestiert (das heißt, in der einzigartigen Form *eines bestimmten Kunstwerks*); dieser Archetyp ist kurz gesagt ein *vor-musikalisches Bild*. Aber selbst wenn wir dieser autonomen Realität die Existenzweise der Form absprechen würden, könnten wir zumindest sagen, dass sie als *Intuition* in unseren Köpfen existiert, bevor sie in einem Kunstwerk realisiert wird (oder besser gesagt: bevor sie sich konkretisieren kann, indem sie ein Kunstwerk in-*formiert*). Wie in den folgenden Beispielen zu sehen sein wird, kann es sich dabei um konkrete Bilder handeln (zum Beispiel die Beschreibung einer Schlacht, der Flug eines Vogels oder eine Jahreszeit etc.); um Bilder mit einem höheren Abstraktionsgrad (Anabasis und Katabasis, Implosion und Explosion, Aufstieg und Abstieg, Entwicklungs- oder Zerfallsprozesse etc.); oder sogar um Konzepte (das Verhältnis zwischen Liebe und Tod, Notwendigkeit, Schicksal, Gnade etc.) und anderes mehr. Abschließend möchten wir darauf hinweisen, dass die *künstlerische Qualität* nicht im archetypischen Bild selbst oder in unserer Vorstellung davon besteht, sondern nur im Kunstwerk selbst, das heißt: in der *einzigartigen* und *nicht wiederholbaren* Weise, wie *dieses* Kunstwerk *diese* Form präsentiert. Wir alle wissen, was der Winter ist, und ein Meteorologe hat eine noch detailliertere Vorstellung davon, aber nur Vivaldis Winter oder Tschaikowskys Winter sind *poetisch*; wir alle kennen (besonders in der heutigen Zeit!) die Sehnsucht nach unendlichem Reichtum und ewiger Jugend, aber nur der *Faust* entwickelt dieses Thema mit unvergleichlicher Tiefe und künstlerischer Kraft.

Der Komponist mag sich beispielsweise ein fantastisches Wandern (Schumann) vorgestellt haben, eine Kosmogonie (Beethovens Siebte Sinfonie), eine Form, die von innen heraus zerstört wird, als hätte sie Krebs (Mahler), die wesentliche Einheit von Liebe und Tod (Tschaikowsky, *Romeo und Julia*), die mühsame Reise moralischer Reinigung eines von Schuld belasteten Gewissens (Kurtág), eine theatralische und bildhafte (nicht metaphysische!) Darstellung der Stille (Sciarrino), das Geheimnis der Inkarnation (Mozart), eine Gnade, die menschliches Leiden verwandelt (erneut Mozart), die Darstellung eines dreidimensionalen Raums (Gabrieli, Vivaldi), die Befreiung eines unterdrückten Volkes (Beethovens Fünfte Sinfonie, nach Harnoncourt), eine musikalisch-theologische Bewegung von Anabasis/Katabasis (Bach).

Jeder Interpret sollte zunächst versuchen, dieses *Bild* zu entschlüsseln (wobei natürlich das Risiko besteht, sich zu irren) und *erst dann* daraus alle anderen Parameter der Interpretation abzuleiten: Tempo, Artikulation, Klangqualität, Handhabung der Dynamik, Übergänge zwischen verschiedenen Teilen des Werks etc. Ohne eine klare Definition des Ausgangsbilds bleiben alle Interpretationsparameter letztlich willkürlich.

Wenn wir zum Beispiel den ersten Satz des Violinkonzerts von Robert Schumann als ein Fantasieren erkennen, als Wanderung in einer fantastischen Landschaft, erkennen wir, dass er oft zu schnell gespielt wird (was Schumann in eine Art Henryk Wieniawski verwandelt) und dass das vom Komponisten im Notentext angegebene metronomische Tempo – oft ignoriert – genau das richtige ist! (Nur bei diesem Tempo sind die verschiedenen Silhouetten, die von der Geige gezeichnet werden und die die Figuren und Objekte dieser Landschaft darstellen, gut zu differenzieren).

Wenn wir den Beginn von Beethovens Siebter Sinfonie als Kosmogonie lesen, sollten die ersten Akkorde wie … ein Urknall klingen (!), die folgenden Takte wie das erste Erscheinen von Sternen, Licht und Schatten, mythischen Kreaturen und Tieren, die schließlich zum Menschen führen (die Flöte spielt eine Art ‚Babbeln' des Kind-Menschen oder noch nicht vollständig Menschlichen, das sich dann in einen *Tanz* verwandelt, der endlich den Menschen charakterisiert). Diese Form gibt sehr klare Hinweise auf die ‚richtige' Dynamik, die Farben, die Zeitgestaltung zwischen verschiedenen Ereignissen und ihren unterschiedlichen *Charakter* …

Wenn wir die Vorstellung akzeptieren, dass Tschaikowski in seinem *Romeo und Julia* die Einheit von Liebe und Tod betonen wollte, dann muss das wundervolle Liebesthema, das von der Flöte gespielt wird, den gleichen Puls haben wie die vorangegangene Schlacht, um genau zu betonen, dass Liebe und Tod tragisch untrennbar sind.

Das Tempo zu verlangsamen, wie es oft gemacht wird, bevor das Liebesthema gespielt wird, um es langsamer als der vorherige Abschnitt zu spielen, bedeutet, eine *Shakespeare'sche Tragödie* in einen *Hollywood-Soundtrack* zu verwandeln.[15]

Wir möchten den Leser nicht von der Gültigkeit dieser interpretativen Ideen überzeugen, die wir hier nur skizziert haben. Uns interessiert vielmehr, eine *Arbeitsmethode* aufzuzeigen: nämlich *alle Interpretationsentscheidungen einer Komposition aus unserem Verständnis ihrer Form abzuleiten*. Die *Anerkennung* und *liebevolle Begegnung* mit dieser Form begründet unserer Meinung nach das wahre, *spirituelle* Verständnis einer Komposition.

Abschließend sei darauf hingewiesen, dass eine Form, zumindest in ihren wesentlichen Merkmalen, *erkannt* (verstanden) oder *nicht* erkannt werden kann (mit anderen Worten: unsere Wahrnehmung davon wird *objektiv richtig oder falsch* sein), während die darauffolgende Interpretation (also wie *wir* Beethovens Kosmogonie wahrnehmen, wie *wir* uns zu Schumanns Phantasieren verhalten …) immer *subjektiv* ist.

---

15 Zudem gibt es, wenn die Schlacht nach der Exposition des Liebesthemas wieder aufgenommen wird, keine Angabe für ein neues Tempo, was bestätigt, dass man immer im selben Tempo bleiben sollte …

Aus dem Gesagten folgt, dass es *unendlich* viele ‚richtige' Interpretationen einer Komposition gibt (wenn eine *Form* erkannt ist, kann sie auf unendlich verschiedene Arten wahrgenommen und geliebt werden), und dass nicht alle Interpretationen legitim sind (wenn wir uns in der Erkenntnis der Form irren, wird der Sinn des Werks verzerrt und wir lassen den Komponisten tatsächlich etwas sagen, was er nie ausdrücken wollte).

VI
Prosodie

Zusätzlich zum gerade besprochenen Formverständnis gibt es einen zweiten objektiven Parameter, der es wert ist, separat erwähnt zu werden: die *Prosodie*.

Jede musikalische Komposition erwächst aus einer *gesprochenen Sprache* (Italienisch, Deutsch, Englisch, Französisch etc.). Wenn wir keinen gesungenen Text haben, ist es entscheidend, die Sprache zu bestimmen, in der beispielsweise eine *Sinfonie* oder eine *Sonate* komponiert wurde.[16]

Nur das korrekte Erkennen der gesprochenen Sprache, die der Komposition zugrunde liegt, ermöglicht es uns, richtig zu verstehen:

- Die Akzente und ihre Hierarchie (sowohl in der Sprache als auch beim Singen oder Spielen hat jedes Wort einen Akzent, und die Akzente einzelner Wörter unterliegen hierarchisch den Akzenten des Satzes).

---

16 Nicht immer stimmt die von einem Komponisten verwendete Sprache mit seiner Nationalität überein: Eine Sinfonie von Mozart kann sowohl auf Deutsch als auch auf Italienisch geschrieben sein …

- Die unterschiedliche Dauer von Noten mit demselben Wert (zum Beispiel werden in der italienischen Sprache unbetonte Vokale am Ende eines Wortes in der Regel kürzer ausgesprochen. Jede Sprache hat ähnliche Regeln).
- Die Ausführungsgeschwindigkeit (zum Beispiel hat die deutsche Sprache Konsonanten, die länger zum Aussprechen benötigen als italienische Konsonanten; daher erfordert dieselbe Melodie ‚auf Deutsch' ein etwas langsameres Tempo als ‚auf Italienisch').
- Das Verhältnis zwischen *metrischem* Akzent und *dynamischem* Akzent (zum Beispiel kann in der italienischen Sprache eine betonte Silbe am Ende eines Wortes (z. B. partirò) leiser ausgesprochen und daher auch leiser gespielt werden als die anderen Silben. Im Allgemeinen darf man *Dynamik* nie mit *metrischem Akzent* verwechseln; ihre subtile Beziehung wird nur im Zusammenhang mit der gesprochenen Sprache, die der Komposition zugrunde liegt, verstanden).
- Das Verhältnis zwischen Notenlänge und metrischem Akzent (zum Beispiel ist in der italienischen Sprache der betonte Vokal oft länger; im Gegensatz dazu ist er sehr kurz, wenn er von einem doppelten Konsonanten gefolgt wird; in der ungarischen Sprache kann man auf die erste betonte Silbe einen kurzen Vokal finden, gefolgt von einem längeren, unbetonten Vokal …).

Zusammenfassend gesagt: Nur aus einem guten Verständnis der gesprochenen Sprache, die einer Komposition zugrunde liegt, können wir bestimmen, wie man Artikulation,[17] Akzente, Dynamik und Tempo am besten organisiert. Ein gutes *sprachliches* Verständnis eines musikalischen Werks garantiert natürlich noch keine großartige Interpretation, ist aber bereits ein guter Ausgangspunkt.

17 „Artikulation, sagte Gounod, ist die äußere und wahrnehmbare Form des Wortes; Aussprache ist seine verständliche und innere Form. Das Ohr hört den artikulierten Klang, der Geist hört den ausgesprochenen Klang. Es ist daher recht einfach zu verstehen, wie viel und was Vernachlässigung der Aussprache von der Ausdruckskraft und noch mehr vom Interesse einer musikalischen Phrase abzieht. Zusammenfassend: Artikulation ist das Skelett oder der Körper des Wortes, Aussprache ist seine Seele und sein Leben." (Reynaldo Hahn, *Du chant*, Éditions Gallimard, Paris 1957, zitiert nach der italienischen Ausgabe *Lezioni di canto, Parigi 1913*, übersetzt von Giovanni Morelli, Marsilio Editori, Venedig 1990, Seite 56).

VII
Rhythmus, Metrum und Zeit

Was also ist die Zeit?
Wenn niemand mich danach fragt, weiß ich's,
will ich's aber einem Fragenden
erklären, weiß ich's nicht.

Augustinus[18]

El tiempo es la sustancia de que estoy hecho.
El tiempo es un río que me arrebata, pero yo soy el rio;
es un tigre qui me destroza, pero yo soy el tigre;
es un fuego que me consume, pero yo soy el fuego.

Jorge Luis Borges[19]

Die Zeit ist das angeschaute Werden.

G.W.F. Hegel[20]

---

18 *Confessiones*, Buch XI.

19 *Nueva refutación del tiempo:* Die Zeit ist die Substanz, aus der ich gemacht bin. / Die Zeit ist ein Fluss, der mich mitreißt, aber ich bin der Fluss; / sie ist ein Tiger, der mich zerreißt, aber ich bin der Tiger; / sie ist ein Feuer, das mich verzehrt, aber ich bin das Feuer.

20 *Enzyklopädie* §258. Für eine tiefere Erkundung, wie die Intuition dieses Werdens den Kern unserer Identität bildet, empfehlen wir: Giacomo Gaggero, *Esperienza musicale e musicoterapia* (*Musikalische Erfahrung und Musiktherapie*), Mimesis, Sesto San Giovanni 2003.

Musik besteht aus *Rhythmen* (bestehend aus Dauern, gleich oder unterschiedlich, von zwei oder mehr aufeinanderfolgenden Noten), eingebettet in ein *Metrum* (oft mit dem Wert der Taktart übereinstimmend) und umhüllt von einem *Atem*.

Zuallererst ist es äußerst wichtig, *Zeit* nicht mit *Metrum* zu verwechseln, wie es zum Beispiel im Fall von Boulez geschieht („In der gekerbten Zeit zählen wir die Zeit, um sie zu besetzen"). Abgesehen von diesem kolonialen Wahn einer *Okkupation* der Zeit betonen wir, dass das, was eventuell *gezählt* werden kann, tatsächlich das *Metrum* ist. Es besteht aus einer bestimmten Anzahl von Zeitabschnitten, die in Gruppen organisiert sind. Zum Beispiel können wir in einem 4/4-Takt vier Abschnitte *zählen*; in einem 12/8-Takt zählen wir vier Gruppen von jeweils drei Achtelnoten, und in einem 7/8-Takt können wir zwei Gruppen finden, eine mit drei und die andere mit vier Einheiten ... Das Metrum kann mit einer einzigen Taktart oder mit Gruppen von Takten übereinstimmen.

In der musikalischen Praxis (beim Singen, Spielen oder Dirigieren ...) begegnen wir dem Metrum nicht durch *Berechnung*, sondern durch unseren *Atem*. Es sind die Wellen unseres Atems, die dank der Spannung, die sich aus der Begegnung mit dem Metrum ergibt, *Leben* in es einhauchen und eine besondere *zeitliche Qualität*[21] schaffen.

Das bedeutet zum Beispiel, dass wir dieselbe rhythmische Figur identisch in Partituren von Mozart und Wagner finden können: Da die beiden Komponisten jedoch sehr unterschiedliche Atemweisen haben, wird auch der entsprechende *energetische Fluss*, der trotz der identischen Rhythmik zwei verschiedenen musikalischen Gesten Leben verleiht, sehr unterschiedlich sein.

Bei gleichem Metrum und metronomischem Tempo erzeugt ein kürzerer Atem eine schnellere *zeitliche Wahrnehmung*, und umgekehrt. Ein besonders langsamer, langer und tiefer Atem hingegen verleiht der Zeit einen metaphysisch-rituellen Charakter (denken Sie an Komponisten wie Bruckner oder Interpreten wie Furtwängler).

---

21 Wir bemerken, dass der erste Atem, der sich über den Takt legt, der des Komponisten ist; er schwebt, auch ohne direkt in musikalische Notation übersetzt zu werden, in jeder Partitur. Wenn der Interpret die Musik einer anderen Person spielt, auch wenn es legitim ist, dass er einen anderen Atem hat, sollte er sich zumindest bewusst sein, wo diese Unterschiede liegen, um das Ausmaß der *Verzerrung* zu verstehen, die er unweigerlich in die Komposition einführt, um sie in seiner Interpretation zu *nutzen*, anstatt ihr *unterworfen zu sein* (oder noch schlimmer, die Komposition dieser Verzerrung auszusetzen).

Der Atem beeinflusst jedoch nicht nur den Charakter, die Länge und das wahrgenommene *Tempo* musikalischer Phrasen. Er *interagiert* auch *organisch* mit dem Metrum, moduliert in Amplitude und Intensität während des Takts und verleiht den Schlägen des Takts leicht unterschiedliche Längen, Richtungen und Intensitäten.

Zum Beispiel ist der *Auftakt* einer Phrase immer (unmerklich) länger als die anderen Schläge. Selbst eine Änderung des Rhythmus oder die melodische oder harmonische Intensität einer Phrase erzeugt eine Variation im Atem und somit im zeitlichen Fluss. Es ist auch ein häufiger Fehler (nicht nur bei Dirigenten), die längeren oder höheren Noten einer Phrase statisch auszuführen, als lägen sie alle auf dem ‚ersten Schlag', ohne ihre metrische Position und Funktion zu beachten.[22]

Zusammenfassend muss eine gute Dirigentin zuerst die metrische Struktur eines Stücks[23] verstehen, dieser *mit dem eigenen Atem begegnen*,[24] und dann in der Lage sein, *die zeitliche Wahrnehmung, die aus dieser Begeg-*

---

22 Diese Beobachtungen sind unter anderem eines der gewichtigsten Argumente gegen die Verwendung des Metronoms: Es formt nicht die *Zeit*, sondern schlägt das (abstrakte) *Metrum*, wie sein Name treffend andeutet.

23 Wir möchten daran erinnern, dass *Atmung und Metrum fast nie übereinstimmen*.

24 Deshalb ist es wichtig, dass ein Dirigent in der Lage ist, Poesie vorzulesen.

nung entsteht, an die Musikerinnen weiterzugeben. Erst *nachdem* sie die Beziehung zwischen Metrum und Atem richtig verinnerlicht hat, kann sie verschiedene Details nach seinem Belieben formen, wie zum Beispiel die Beziehung zwischen musikalischen Phrasen (die *Dramaturgie* des Werks) oder einige ihrer Elemente (Dynamik, Farbe, Charakter …).

VIII
Raum in der Musik

Das Thema des Raums in der Kunst, eng verwandt mit dem der Zeit, hat komplexe philosophische Implikationen. Hier möchten wir uns auf einige Beobachtungen beschränken, die für eine Musikerin von großer Relevanz zu sein scheinen, wobei wir mehrere verschiedene Bedeutungen des Wortes ‚Raum' klar voneinander trennen:

1)

Vor allem ist es wesentlich zu bedenken, dass ein Kunstwerk ein *Ganzes* ist, eine *Einheit*, und daher immer einen Raum enthält, der *in sich geschlossen*[25] ist. Dieser

---

25 „Die grundlegende Definition eines Werkes als Kunstwerk liegt darin, dass wir es als etwas ansehen, das in sich geschlossen ist, zu dem wir nichts hinzufügen oder wegnehmen können. Aufgrund dieser Eigenschaft definieren wir es als ein ganzes Werk. Aus dem Konzept der Ganzheit ergibt sich alles andere, und das Problem des Raumes basiert vollständig auf diesem Konzept." (Florenski, P., *Analiz prostranstvennosti i vremeni v khudožestvenno-izobrazitel'nyh proizvedenijakh / Lekcii vo VHUTEMAS'e* (*Analyse der Räumlichkeit und Zeit in künstlerischen Darstellungen / Vorlesungen an der VHUTEMAS*), unsere Übersetzung aus der italienischen Ausgabe: *Lo spazio e il tempo nell'arte*, übersetzt von Nicoletta Misler, Adelphi, 1995, S. 252)

geschlossene Raum ist physisch abgegrenzt: Eine Skulptur ‚inkorporiert' unter ihrer Oberfläche eine spezifische Menge an Raum, die ihrem Volumen entspricht; der geschlossene Raum eines Gemäldes fällt mit dem seiner Leinwand zusammen (oft umrahmt von einem Rahmen); der Raum einer musikalischen Aufführung wird durch die Stille begrenzt, die der ersten Note vorausgeht und der letzten folgt.[26]

2)

Der abgegrenzte/inkorporierte Raum eines Kunstwerks wird wiederum von einem größeren Raum umfasst, der es enthält. Im Fall einer musikalischen Aufführung ist dieser Raum der des *Zuhörens*, erkennbar an einem *Atemzug*, der länger oder kürzer sein kann. Im ersten Kapitel dieses Buches haben wir verschiedene Qualitäten des Zuhörens diskutiert; wir können jetzt hinzufügen, dass der allmähliche Übergang von dem, was wir als menschliches Zuhören definiert haben, zum rituell-metaphysischen Zuhören einer Zunahme der Atemweite entspricht – sowohl auf kompositorischer als auch auf interpretativer Ebene. Barocke Musik atmet das *Hier*

26 Die Beziehung, die das Kunstwerk zum Raum, aus dem es besteht, unterhält, ist eines der zentralen Themen der Kunstphilosophie.

und Jetzt des Alltags, während spätromantische Musik ihren Atemzug fast ins Unendliche ausdehnt.[27]

Ein versierter Interpret sollte vor allem bestrebt sein, seinen Atemzug so eng wie möglich mit dem der Komposition zu *synchronisieren*, um die Gefahr eines radikalen stilistischen Verrats zu vermeiden.

3)

Musik erklingt nicht nur in einem geistigen Raum (dem des Hörens), sondern auch in einem physischen Raum (einem Raum, einer Kirche, einem Konzertsaal etc.). Genau wie es eine Akustik gibt, die durch den Ort bestimmt wird, an dem die Musiker sich befinden, gibt es auch eine *innere Akustik*, die sich aus dem Raum ergibt, den die Interpretin sich vorstellt, während sie spielt (oder dirigiert). Tatsächlich kann man eine Note pianissimo spielen, während man sich einen immensen Raum vorstellt, und umgekehrt ein Fortissimo, das man

27 Der Psychotherapeut und Musiktherapeut Giacomo Gaggero erinnerte in einer privaten Unterhaltung daran, wie die Jazzmusik in weniger als einem Jahrhundert dieselbe *Dehnung* des Atems erreicht hat, wie die klassische Musik vom Barock bis zur Romantik. Während der Swing von Erroll Garner ein Gefühl der alltäglichen Zeitlichkeit, des *Hier und Jetzt* verkörpert, trägt die Weite des Atems, die die Improvisationen von Miles Davis oder Keith Jarrett umgibt, zur Schaffung einer zunehmend wagnerischen Zeitlichkeit bei.

auf einen mikroskopischen Raum beschränkt, wodurch seine *Dichte* zunimmt.

Der Dirigent sollte unter anderem in der Lage sein, mit seinen Gesten das Ausmaß dieser Räume heraufzubeschwören. Dies kann analogisch geschehen, indem er Handbewegungen vollführt, mit denen er Räume veranschaulicht, die die vom Orchester erzeugten Klänge ‚enthalten'.

4)

Dann gibt es den Raum, der als *räumliche Organisation* der Elemente verstanden wird, die das Werk ausmachen: In der Malerei ist diese Organisation mit der Art der verwendeten *Perspektive* verknüpft (intuitive, inverse, lineare Perspektive etc.), während sie in der Musik aus der besonderen Anordnung von musikalischen Elementen wie Noten, Rhythmen, Pausen und harmonischen Beziehungen resultiert.

Als Beispiel können wir die venezianische Musik nennen, die anscheinend nicht nur eine außergewöhnlich originelle Raumvorstellung aufweist, sondern diese Vorstellung auch zum Hauptgrund für ihre Existenz macht:

Mit der offiziellen Einrichtung der zweiten Orgel (1490) oder mit der Entstehung des als Doppio coro [Doppelchor] bekannten Gesangsstils zeichnet sich die venezianische Musik von Anfang an durch eine theatralische Darstellung des musikalischen Raums aus.[28] Dies beschränkt sich nicht nur darauf, Klangquellen (die beiden Orgeln oder die beiden Chöre) an verschiedenen Stellen des Raums zu platzieren, sondern wird auch zu einer *intrinsischen* Eigenschaft des venezianischen Kompositionsstils: Der Sinn für zahlreiche aufeinanderfolgende Modulationen, die typisch für die Musik von Vivaldi oder Marcello sind, kann nicht angemessen verstanden werden, es sei denn, man begreift, dass sie in erster Linie eine progressive *Vergrößerung des theatralischen Raums* darstellen. Es ist, als befände man sich in Venedig auf einer kleinen und engen Calle,[29] die sich plötzlich öffnet (erste Modulation) in einen Campiello, der wiederum (eine andere Modulation) zu einem Campo führt und dann (noch eine Modulation!) uns auf die große Piazza San Marco bringt … aber siehe da, während sich der Nebel lichtet (eine weitere Modulation!), erscheint das Meer, und unsere Augen können sich endlich auf den Horizont richten.

---

28 Dieser Kontext bietet nicht die Möglichkeit, die tiefgreifenden philosophischen Implikationen zu erkunden, die aus dem venezianischen Raumkonzept entstehen.

29 Calle: Gasse oder kleine Straße; Campiello: Kleiner offener Raum; Campo: Größerer offener Raum; Piazzetta: Kleiner Platz; Piazza: Großer Platz oder Hauptplatz. Diese venezianischen Begriffe kennzeichnen eine Fortschreitung von kleineren zu größeren Räumen, wobei die Piazza den größten und bedeutendsten Platz in der Stadt repräsentiert.

In der Musik des Deutschen Bach (eines Zeitgenossen Vivaldis), die sich in einem *metaphysischen* und *heiligen* Raum bewegt, fehlt oft der *theatralische* und *menschliche* Raum, den wir gerade beschrieben haben.[30] Und es ist interessant festzustellen, dass die Musik des venezianischen Komponisten Luigi Nono (1924–1990) stark von Vivaldis Raumvorstellung beeinflusst scheint und sie in dieser Hinsicht wenig mit der seines deutschen Zeitgenossen Helmut Lachenmann gemeinsam hat. Wenn es um die räumliche Vorstellung in der Musik geht, ist die Geografie stärker als die Geschichte!

Ein Dirigent muss sich daher der räumlichen Organisation des aufgeführten Werks deutlich bewusst sein; um bei unserem Beispiel zu bleiben, wird eine Ausführung der zahlreichen Vivaldi'schen Modulationen *ohne* Übermittlung ihres räumlichen Aspekts ihnen den Grund entziehen, ihre Bedeutung verzerren und sie trivialisieren.

5)

Schließlich möchten wir noch auf die Idee der zeitlichen *Konzentration* oder des zeitlichen *Drucks* eingehen.

---

30 Das ist nach Ansicht des Autors der Grund für die tiefe Faszination, die der geniale deutsche Komponist gegenüber Vivaldi und Marcello zeigte: Er war zweifellos von der venezianischen Raumkonzeption fasziniert, die im deutlichen Gegensatz zu seiner eigenen stand.

Der Philosoph und Kunsttheoretiker Pawel Florenski schreibt: „Die künstlerische Tätigkeit arbeitet genau an dieser Raum-Zeit-Konzentration, durch die Eindrücke, flüchtig und über die Erde und im Laufe der Jahre verstreut, durch die Kunst das Gewicht von kostbaren Barren gewinnen:

> Dieses verwelkte Blatt, jetzt gefallen und gelegen,
> In ewigem Gold leuchtet im heiligen Klang.

Und nicht nur leuchtet es wie Gold, sondern wiegt auch wie Gold. Denn in ihm sind unendlich viele verwelkte und gefallene Blätter aus der ganzen Welt und aus der gesamten Geschichte versammelt, nicht nur in der Vergangenheit, sondern auch in der Zukunft. Und sie sind deshalb versammelt, weil sich hier die Zeit selbst konzentriert hat."[31]

Ein ähnlicher Gedanke inspiriert offenbar als eines ihrer Schlüsselelemente die Poetik des großen Regisseurs Andrej Tarkowski. In seinem Buch *Sculpting in Time*[32]

---

31 Florenski, P., Op. Cit., S. 158.

32 Tarkowski, A., *Zapečatlënnoe vremja,* zitiert aus: ders., *Die Versiegelte Zeit,* 2021, Berlin: Alexander Verlag, S. 142f. (Leider ist der Titel dieses Buchs im Deutschen mit einem ungeschickten Übersetzungsfehler als *Die versiegelte Zeit* übertragen. Die Vorstellung des ‚Versiegelns' ist nicht nur im Originaltitel nicht vorhanden, sondern auch der Poetik von Tarkowski völlig fremd, der stattdessen von einer *geformten, geprägten* Zeit spricht.)

schreibt er: „Den filmischen Rhythmus bestimmt nicht die Länge der montierten Einstellungen, sondern der Spannungsbogen der in ihnen ablaufenden Zeit. […] Die eine Einstellung durchlaufende zeitliche Konsistenz, die wachsende oder ‚sich verflüchtigende' Spannung der Zeit, nennen wir den *Zeitdruck* innerhalb einer Einstellung. […] Wie spürt man aber die Zeit einer Einstellung? Das Gespür stellt sich ein, wenn hinter dem sichtbaren Ereignis eine bestimmte bedeutsame Wahrheit fühlbar wird. Dann, wenn […] sich das, was man in dieser Einstellung sieht, nicht in dem visuell Dargestellten erschöpft, sondern lediglich etwas sich jenseits dieser Einstellung unendlich Ausbreitendes andeutet, auf das *Leben* hinweist."[33]

Ähnlich scheint es in der Musik zu sein, wo die mehr oder weniger starke Anspielung einer musikalischen Phrase auf eine *andere Dimension* (d.h. das Maß ihrer Symbolhaftigkeit) ihren räumlich-zeitlichen Druck bestimmt: Dies ist vielleicht das am schwersten zu erfassende Element, das ein Dirigent durch seine Gesten vermitteln können sollte, um so die verschiedenen Teile der Komposition *organisch* zu verbinden.

33 Sowohl Florenski als auch Tarkowski sprechen beide (direkt oder indirekt) vom *Leben*, indem sie zeigen, dass das Wesentliche nicht das ist, was das Bild darstellt, sondern „etwas anderes", auf das es hinweist. Demnach wäre es also das Leben, womit der symbolische Horizont des Kunstwerks übereinstimmt.

IX
Die Repertoirewahl (mit einer Anmerkung zu Glenn Goulds Beethoven)

Jede Interpretin entdeckt früher oder später die Komponisten, zu denen sie eine größere oder geringere Affinität empfindet. Die Auseinandersetzung mit Partituren, die sich vertraut anfühlen, ist zweifellos einfacher und hilft vielleicht dabei, immer mehr von dem zu entdecken, was unsere wahre Natur als Interpret und als Mensch ist. Gleichzeitig fördert das Eintauchen in poetische Welten, die von unseren eigenen weiter entfernt sind, unser Wachstum und lässt uns mit einer reicheren Farbpalette zu unserem üblichen Repertoire zurückzukehren.

Manchmal können Begegnungen mit scheinbar *unvereinbaren* spirituellen Sphären zu überraschenden Interpretationen führen. Zum Beispiel bewundert der Autor sehr Glenn Goulds Interpretationen von Beethoven, die oft geliebt oder gehasst, ohne wirklich verstanden zu werden.

In seinen besten Aufführungen *löscht* Glenn Gould die Geschichte *aus*, sodass der ideale Archetyp der Komposition wie vor ihrer Begegnung mit dem Menschen hervortritt. Es scheint fast, als ob Gould die Musik nicht *interpretieren* möchte (das heißt, wie wir bereits gesagt haben, ihr *begegnen* möchte), sondern vielmehr ihr *Selbstbewusstsein* fühlbar machen wollte, das die Musik – nun in ein intelligentes Lebewesen mit Bewusstsein verwandelt – besitzt.[34]

Wenn der kanadische Pianist gewisse Angaben zur Artikulation oder Dynamik in der Partitur ignoriert, tut er dies unserer Ansicht nach nicht aus Exzentrik, sondern weil Dynamik und Artikulation, selbst wenn vom Komponisten gesetzt, selten *essentielle strukturelle Elemente* sind. Es sind eher Empfehlungen für eine mögliche (sicherlich autoritative, aber nicht einzige) *Interpretation*, die die bereits ausgebildeten Struktur der Komposition überlagert. Sie gehören somit zu jener historischen Dimension, die Gould auslöschen möchte.

Wir verstehen, dass sein Vorhaben, das Menschliche aus der Musik (insbesondere von Beethoven!) zu entfernen, als Sakrileg erscheinen kann. Dennoch führt seine Fähigkeit, Beethovens Sonaten in ihrer strukturellen Vollkommenheit zu hören, mit erstaunlicher Kraft vor Augen, *was* jeder Interpret verstehen sollte, *bevor* er sich an irgendeine Interpretation wagt: Ohne ein *Verständnis* der reinen musikalischen Form (die Gould auf

34 Natürlich ist eine völlige Auslöschung des Egos unmöglich; dennoch scheint uns dies die Utopie zu sein, der sich Gould in hohem Maße annähert.

kaum erreichte Höhen hebt), wird jeder menschliche Eingriff (Dynamik, Pedalgebrauch, *Rubato*) zu einem *Sentimentalismus* (umso leerer, je weniger der Interpret die Struktur versteht).

Vielleicht würden wir nicht dieselbe Begeisterung verspüren, wenn Gould der *einzige* Interpret von Beethoven wäre; aber *zusammen* mit einigen wenigen anderen, die einen ganz anderen Ansatz verfolgen, erwecken seine Aufnahmen in uns ein tiefes Gefühl der Dankbarkeit für das besondere Licht, das sie auf das Werk dieses Komponisten werfen, und tragen dazu bei, dessen tiefste Essenz zu enthüllen.

X
Das Studium einer Partitur

Unter Berücksichtigung dessen, was bisher präsentiert wurde, können wir einige grundlegende Momente beim Studium einer Partitur zusammenfassen und folgen dabei einer zweifachen Bewegung: vom allgemeinen Aufbau und der gesamten Form des Stücks zu den kleineren, feineren Details seiner individuellen Elemente wieder zurück zum allgemeinen Aufbau.

- Was bedeutet dieses Stück? Annäherung an das Werk in seiner Gesamtheit, Erkennung seiner Formen.
- In welcher Sprache ist das Stück konzipiert? Wo fallen die Akzente und in welcher Hierarchie? (Identifizierung der prosodischen Struktur) Wie sind die Takte organisiert? (Identifizierung der metrischen Struktur)
- Was sind die einzelnen harmonischen und melodischen Elemente?
- Wie ist die Semantik einzelner musikalischer Gesten konnotiert, welche Beziehungen bestehen zwischen ihnen? (Aufbau der musikalischen Dramaturgie) Wie konstruiert sich die affektive Bedeutung der

musikalischen Phrasen im Kontext dieses Formteils? (Rekonstruktion der Hauptform)

- Erster Ansatz zu einem Dirigat: Welche hervorstechenden Elemente sollen betont werden? (Entscheidung Schritt für Schritt entlang der Partitur)
- Inneres Singen und allmähliche Durchführung: Wie ergeben sich daraus die größeren Teile des Stückes und schließlich die Gesamtheit des Werks?

Wir betonen die *unendliche Kreislaufhaftigkeit* dieses Modells: Tatsächlich werden wir, wenn wir vom Detail zu größeren Abschnitten des Stücks zurückkehren, unsere anfängliche Vorstellung von der Form modifizieren (verbessern); dieses neue Verständnis wirft wiederum neues Licht auf die Details, und so weiter in einem endlosen Kreislauf ...[35]

35 Wenn eine erste Intuition davon, was die Form der Komposition sein könnte, notwendige Voraussetzung dafür ist, mit ihrem Studium zu beginnen, wird ein noch besseres Verständnis dieser Form gleichzeitig als das Ziel des Vertiefungsprozesses gesetzt. Dieser Prozess dauert nicht nur ein Leben lang an, sondern wird sogar von Generation zu Generation weitergegeben. (Wir erinnern daran, dass die zirkuläre Natur der interpretativen Tätigkeit unter anderem von Hans-Georg Gadamer durch das Konzept des *hermeneutischen Zirkels* erforscht wurde).

XI
Orchesterleitung: Praktische Ratschläge

In diesem Kapitel möchten wir einige praktische Ratschläge für Proben oder Konzerte geben:

1) Spontaneität der Gesten

Zuallererst sollten Sie als Dirigent oder Dirigentin nie aus den Augen verlieren, dass Musikerinnen und Musiker unabhängig von Ihrem Dirigierstil instinktiv wahrnehmen, ob die Gesten spontan oder das Resultat mechanischer Wiederholungen[36] sind. Selbst die schönste Geste verliert ihre expressive und kommunikative Wirkung, wenn sie während der Proben zu oft wiederholt wird. Einer der am schwierigsten zu erkennenden und korrigierenden Fehler besteht darin, dass eine Dirigentin eine *gute* Interpretation im Kopf und konsistente Gesten gefunden hat, um sie zu vermitteln, aber beim Zusehen und Zuhören *unnatürlich erscheint*. Dieser Eindruck entsteht fast immer deshalb, weil eine Geste durch die gezielte Absicht, sie in einem bestimmten Moment bewusst einzusetzen, *erstarrt*.[37]

---

36 Siehe auch Kapitel XIV: *Eine natürliche Geste*.

37 Stanislawski, der Vater des modernen Schauspiels, hätte gesagt: „Schön, aber … ich glaube es nicht!"

2) Ehrlichkeit während der Proben

Musiker werden schnell wahrnehmen, wie gut Sie musikalisch und dirigentisch vorbereitet sind, erst recht wenn sie Sie bereits kennen. Das Vertrauen in Sie wird auf dieser Wahrnehmung beruhen. Stimulieren Sie sie mit dem, was Sie wissen, und erkennen Sie demütig an, was Sie nicht wissen. Das ist der beste Weg, ihren Respekt zu verdienen. Bitten Sie eine Musikerin nie um etwas, wozu Sie selbst nicht fähig wären. Es gibt nichts Ärgerlicheres für ein Orchestermitglied, als der Anschuldigung ausgesetzt zu sein, ungenau oder schief zu spielen, wenn er oder sie weiß, dass Sie an ihrer Stelle nicht genauer oder weniger schief wären.

3) Vor dem Betreten des Podiums

Achten Sie am Anfang eines Konzerts oder einer Probe darauf, wie Sie das Podium betreten: Welche Beziehung haben Sie in diesem Moment zu Ihren Musikern? Schauen Sie sie an, blicken Sie ins Publikum oder zu niemandem? Sind Sie auf sich selbst konzentriert oder offen für die Umgebung? Wie auch immer, vergessen Sie nur nicht, dass Sie Ihr Orchester damit bereits beeinflussen! Versuchen Sie nicht, anders zu erscheinen als Sie sind oder etwas Bestimmtes zu tun … sondern seien Sie darauf fokussiert, was Sie tun werden: Versuchen Sie, das Rauschen unnötiger Gedanken in Ihnen zu eliminieren. Je mehr Stille *in* Ihnen ist, desto einfacher wird es sein, Stille (und Aufmerksamkeit) *um* Sie *herum* zu erzeugen.[38]

4) Auf dem Podium

Während das Orchester Sie schon *spürt*, sobald Sie den Saal betreten, beginnt die eigentliche Kommunikation, sobald Sie auf das Podium steigen. Seien Sie *offen* (aber nicht *affektiert*) und *konzentriert*.

5) Die Stille vor dem Dirigieren

Nehmen Sie sich, bevor Sie anfangen zu dirigieren (auch während der Proben), die nötige Zeit, um sicherzustellen, dass es Stille *um* Sie *herum* gibt (fangen Sie nicht an, wenn das Publikum noch Lärm macht) und Stille *in* Ihnen (entlassen Sie unnötige Gedanken, atmen Sie,

---

38 Werner Thärichen, Pauker der Berliner Philharmoniker, erinnerte sich in einem Interview: „Ich saß oben an meinen Pauken (…) und da lag eine Partitur auf meinen Pauken (…) dann verfolgte ich die Komposition; während der Probe tut man das Notwendige und man weiß, wie es bei der Probe klingt. Und ich merkte plötzlich, dass ein ganz neuer Klang entstand, ein faszinierender Klang, und ich dachte ‚Was ist passiert?'. Ich schaute zum Dirigenten, aber da war nichts Besonderes zu sehen; ich schaute zu den Kollegen, und ich schaute zum Eingang, und am Eingang stand Furtwängler, der dort hereinkam. Allein seine Persönlichkeit, sein Auftreten, ohne etwas zu zeigen, ohne etwas zu tun, brachte diesen unendlich schönen Klang hervor. Wer den Klang so stark in sich trägt, dass er den Klang bei allen so hervorruft – das ist natürlich, wie es schöner eigentlich nicht sein kann für ein Orchester."

konzentrieren Sie sich auf den ersten Ton oder die erste Phrase). Hören Sie einen Augenblick bevor Sie beginnen auf, an alles zu denken, *sogar an die erste Phrase*,[39] und springen Sie ohne Zögern (*con slancio!*) in die Musik – ohne Zurückhaltung Ihres Willens.

6) Eintritt in die Musik

Grundsätzlich gibt es drei Möglichkeiten, den *Übergang von Stille zum Klang* zu vollziehen und ein musikalisches Werk zu dirigieren:[40]

---

39 Erneut finden wir uns im Einklang mit den Worten von Reynaldo Hahn (Komponist und Pianist sowie enger Freund von Marcel Proust): „Alles, was im Gesang ungreifbar ist, alles, was beim Hörer Visionen und Halluzinationen hervorrufen muss, alles, was magnetische und spektakuläre Kraft entfesselt, finde ich, *sollte nicht vor dem magischen Moment des Singens bedacht werden.* Darüber vorab nachzudenken würde für den Sänger bedeuten, seine eigene Vision bereits vor der Übermittlung zu schwächen. Diese Vision kann lange genährt, vertraut sein, wochen- und monatelang von ihrer Vorstellungskraft besucht und wieder besucht werden, sogar Jahre, aber dann muss sie während der Zeit der stimmlichen Vorbereitung ausgesetzt, gelöscht werden. Stattdessen muss sie *plötzlich* im Moment der Ausführung mit einem abrupten inneren Aufruf herbeigerufen werden." (Reynaldo Hahn, *Op. Cit.*, S. 141–142).

40 Drei Dirigenten, die diese drei Modalitäten gut repräsentieren könnten, wären folgende: Claudio Abbado (sein Auftakt entsteht oft aus einer bereits in Bewegung befindlichen Geste); Pierre Boulez (sein Auftakt beginnt oft aus einer ruhenden Position); und Leonard Bernstein (sein Auftakt wird manchmal *nicht* von einer vorbereitenden Position oder Bewegung begleitet).

- *Schon in Bewegung sein*: Dem eigentlichen Auftakt geht eine *neutrale Bewegung* ohne wirklichen rhythmischen Impuls oder klare musikalische Charakteristik voran. Sie deutet darauf hin, dass die Zeit bereits *vor* dem ersten Ton der Komposition fließt und dieser Ton innerhalb eines zeitlichen Kontexts entsteht, der unabhängig von seiner Existenz ist. In diesem Fall ist der Auftakt eine *Variation der Geschwindigkeit* der vorhergehenden Geste.
- *Stillstehen*: Der Moment der Aufmerksamkeit, den die Dirigentin mit ihrer regungslosen Hand (oder dem Taktstock) vor Beginn des Dirigierens heraufbeschwört, betont hier eher den *Kontrast*, weniger die *Kontinuität* zwischen der Zeit der Musik und der Leere, die sie umgibt.
- *Fehlen einer Vorbereitungsgeste*: In diesem Fall ist die allererste Geste des Dirigenten nicht die Vorbereitung (statisch oder dynamisch) für die Position, aus der der Auftakt gegeben wird, sondern *sie selbst* ist bereits der Auftakt. Das heißt, die Musik *bricht plötzlich aus*, fast durch einen unerwarteten zeitlichen Riss.

7) Ein- und Ausatmen

Die natürliche Erzeugung eines musikalischen Klangs ist *immer* mit einem Paar eng verwandter Bewegungen verbunden: das Ein- und Ausatmen eines Sängers oder einer Blasinstrumentalistin; der Schlägel, der erst aufsteigt und dann auf ein Schlaginstrument fällt; die Hand des Pianisten, die beim Kontakt mit der Tastatur leicht anhebt, bevor sie wieder auf die Tasten drückt etc. Eine gesunde (nicht neurotische, ohne Zuhören vom eigenen Körper losgelöste) Art des Spielens wird daher *immer* von einer Bewegung charakterisiert, die der Klangerzeugung vorausgeht und sie vorbereitet, ihre Qualität in jeder Hinsicht bestimmt: diese grundlegende Bewegung ist der *Auftakt*.

Dirigieren Sie deshalb *immer* den *Auftakt* Ihrer Musiker, das heißt, *helfen Sie Ihnen zu Atmen. Nach* dem Auftakt zu dirigieren[41] (und somit *ohne* Auftakt) bedeutet, den Orchestermusikern das Atmen zu verwehren und ihnen die Kontrolle über alle musikalischen Parameter (Klangqualität, rhythmische Präzision, Phrasierung etc.) zu nehmen. Unter allen möglichen Fehlern eines Orchesterdirigenten ist dies vielleicht der gewaltvollste gegenüber den Musikern (und gegenüber der Musik selbst).

8) Der Auftakt

Demzufolge fällt der Beginn der Musik nicht mit der ersten notierten Note in der Partitur zusammen, sondern

---

41 Also, um die gerade gegebenen Beispiele aufzugreifen, wenn wir uns auf den Moment des Ausatmens konzentrieren, oder auf das Absenken des Schlägels zum Instrument hin oder auf das Eintauchen der Hand in die Tasten.

mit dem *Atem*, der ihr vorausgeht:[42] Der Dirigent muss in der Lage sein, diesen Atem, der nicht nur die erste Note, sondern die gesamte vom Orchester gespielte Phrase stark beeinflusst, zu formen. Ebenso müssen die Auftakte aller Phrasen und die Atemzüge, die den Einsätzen jeder Musikerin vorausgehen, vom Dirigenten *erlebt und belebt* werden. Es ist nicht notwendig (wirklich nicht notwendig!), dass Sie allen Musikern alle Einsätze signalisieren (nur in wenigen Fällen benötigen sie es wirklich), aber es ist notwendig, an sie zu *denken*. Allein der Gedanke wird eine Mikrovariation in der Pulsation Ihrer Geste hervorrufen, die Sie vielleicht nicht einmal bemerken, die Ihrem Schlag jedoch den notwendigen *Raum* gibt, in dem alle Musiker bequem spielen, das heißt, atmen und einander zuhören können.

Wir betonen erneut, dass der Auftakt am Anfang eines Stücks (oder der erste Auftakt nach einer Pause, die den musikalischen Fluss unterbrochen hat) im Allgemeinen von einer vorbereitenden Geste begleitet sein sollte, die hilft zu verstehen, wo der eigentliche Auftakt beginnt.[43]

---

42 Oder noch besser sollten wir sagen, dass die Musik *aus der Stille* entsteht, die dem Atem des Auftakts vorausgeht.

43 Stellen wir uns zum Beispiel eine Komposition im 4/4-Takt (Tempo: etwa 1/4 = 90) vor, bei der die Instrumentalistin (oder die Orchestergruppe) eine Viertelpause benötigt, um vor dem Spielen ihrer ersten Note oder Phrase Atem zu holen (es spielt in diesem Beispiel keine Rolle, auf welchem Schlag des Taktes diese Note liegt): Wenn wir direkt auf den Viertelauftakt dirigieren, berücksichtigen wir nicht die

9) Kein Zurückhalten, kein Erzwingen

Es muss zwischen der Energie Ihres Auftakts und der Energie, die Sie unmittelbar danach freisetzen, eine *Übereinstimmung* geben. Wenn Sie einen Teil davon zurückhalten, werden *wir* zurückgehalten und blockiert: Der Klang des Orchesters wird *gewichtslos*, das heißt, leer, oberflächlich und ohne Resonanz.[44] Wenn wir andererseits mehr Energie aufwenden, als tatsächlich vorbereitet wurde, werden wir steif und gewaltsam sein: Der Klang wird gedrängt, erzwungen, gehämmert, brutal und auch in diesem Fall, auch bei großer Lautstärke, leer und substanzlos sein.

10) Die Punkte verbinden

Unabhängig von Ihrer technischen Herangehensweise ans Dirigieren bleibt *eine* Regel unverändert: Dirigieren

---

Reaktionszeit des Instrumentalisten, der erst in den letzten Momenten unserer Geste mit dem Atmen beginnen würde (das bedeutet, für viel weniger als die Viertelpause, die er benötigt). Um unseren Musikern das richtige Atmen zu ermöglichen, benötigen wir daher *zwei* Bewegungen: Zuerst sollten wir einen Viertelschlag mit einer *präzisen*, aber *neutralen* Geste dirigieren (das heißt *passiv*, ohne rhythmische Energie, um Fehlstarts zu vermeiden), und dann sollten wir den eigentlichen Auftakt (mit musikalischer Absicht) geben, der genau mit dem Atem der Musiker zusammenfällt.

44 Wir möchten betonen, dass, wenn wir gewichtslos spielen, also den Kontakt zu unserem Körper verlieren, das Gespielte auch semantisch betrachtet gewichtslos ist – ohne wahre Bedeutung.

besteht in erster Linie darin, die Geschwindigkeit der Bewegungen zu variieren, die die verschiedenen Schläge des Taktes verbinden[45] (im 4/4 Takt zum Beispiel: 1, 2, 3 und 4), während ein konstantes *Tempo* aufrechterhalten wird. Diese Variationen in der Geschwindigkeit Ihrer Geste beeinflussen *direkt* die Geschwindigkeit der Bögen der Streicher, des Atems bei den Blasinstrumenten sowie der Schlag- und Zupftechnik bei Harfen, Tasteninstrumenten und Schlagzeugen: So entsteht *Phrasierung*.[46]

---

45 Selbstverständlich muss man, um ein Tempo bei beschleunigter Geste konstant zu halten, diese auch *vergrößern*, und umgekehrt. Wenn man die Geste beschleunigt und dabei ihre Amplitude unverändert lässt, führt dies zwangsläufig zu einem Accelerando.

46 Wir müssen auch daran denken, dass es eine Dirigierschule gibt (inspiriert von Boulez), die sich hauptsächlich darauf konzentriert, *die verschiedenen Schläge des Takts zu kennzeichnen*, anstatt *den Raum dazwischen zu verbinden*. In diesem Fall hält der Dirigent die Geste zwischen einem Schlag und dem nächsten fast an und eilt dann mit einer schnellen und beschleunigenden Bewegung zum nächsten Schlag. Dieser Ansatz verwandelt die Taktteile in abstrakte Einheiten (die Schläge werden *gezählt* und markiert, anstatt *erlebt*), wodurch das *Legato* aufgehoben wird (der Dirigent *taktiert* die metronomischen Schläge, ohne den Raum dazwischen zu erleben) und das Metrum der Musik zerstört wird, d. h. das Verhältnis zwischen *starken* und *schwachen* Schlägen (denn wenn auf diese Weise dirigiert wird, hat der Raum zwischen dem ersten und zweiten Schlag die gleiche ‚Energie‘ wie zwischen dem zweiten und dritten Schlag und so weiter).

Sie müssen genau darauf achten, dass das *Zeichnen* der Hand (oder des Taktstocks), das die Schläge des Takts verbindet, immer eine *sichtbare Manifestation des Atems* ist. Wenn der Dirigent ‚zeichnet', ohne zu atmen, erreicht er keine Legato-Geste, sondern eine schleppende, die musikalisch keinen Nutzen hat.

11) Spielen lassen!

Denken Sie daran, dass das Orchester kein Taktieren von Ihnen benötigt, um eine Sinfonie von Mozart oder Beethoven zu spielen. Und wenn es sich um ein gutes Orchester handelt, benötigt es dies auch nicht, um *Le Sacre du Printemps* zu spielen. Nach dem anfänglichen Auftakt lassen Sie es spielen! Die vertikale *Synchronisation* der verschiedenen Teile muss durch Erleichterung des Zuhörens unter den Musikern und Musikerinnen erreicht werden und nicht (wie es oft geschieht) durch das Aufzwingen einer Geste, die es ersetzt. Sie sollten nur dann aktiv werden, wenn Sie durch Ihren Puls eine *Veränderung* in der Musik einführen: einen neuen Charakter, eine neue Farbe, Artikulation und natürlich auch ein neues Tempo.

12) Horizontales Denken

Das Geheimnis, um eine gute *vertikale* Synchronisation des Partiturtextes zu erreichen, besteht darin, dass alle Musiker *horizontal* richtig und konsequent denken.

Korrekturen am Zusammenspiel, die sich direkt auf die vertikalen Beziehungen in einer Partitur konzentrieren, sind der beste Weg, die Musik zu zerstören.

13) Balance

Der Klang eines Orchesters entsteht immer ausgehend von den Bläsern, insbesondere den Blechbläsern. Wenn sie zu laut oder zu schwer spielen, insbesondere im Dynamikbereich von *pp* bis *f*, werden die Streicher ständig gegen sie kämpfen müssen. Neben den offenkundigen Balanceproblemen, die sich dadurch ergeben, wird dies auch die *Klangqualität* und den *horizontalen Fluss* der Phrasen ernsthaft beeinträchtigen.

14) Im Konzert, lassen Sie das Orchester mit Ihnen und für Sie spielen

Ob Sie nicht geprobt haben, weil Sie, den ehrwürdigen Anhängern von Scherchen gleich, alle Details der Interpretation in den Händen halten (und hoffentlich das Chicago Symphony Orchestra oder die Berliner Philharmoniker dirigieren), oder ob Sie, als unheilbare Humanisten, einen Monat damit verbracht haben, Ihren Musikern die verborgene Bedeutung jeder Note in der Sinfonie zu erklären: Während des Konzerts *müssen Sie dem Orchester das Zuhören und Atmen vermitteln.*[47]

---

47 Mit anderen Worten: Sie müssen dem Orchester eine *Präsenz* vermitteln.

In diesem Rahmen spielt das Orchester *mit Ihnen* und *für Sie*.

Das Orchester interagiert *mit* Ihnen, wenn Sie die musikalischen Veränderungen aktiv dirigieren (Änderungen im Tempo, in der Dynamik, der Beginn einer neuen Phrase etc.) oder wenn Sie Details Ihrer Interpretation gestisch betonen.

Aber das Orchester sollte auch, zu jeder Zeit (und nicht nur während der Veränderungen), *für* Sie spielen. Dies bedeutet nicht, dass es Ihnen gehorcht oder Ihnen einen Gefallen tut (!). Es bedeutet, dass Sie durch Ihr Zuhören die *Liebe* teilen müssen, die Sie für die Musik, die Sie dirigieren, empfinden, und diese Liebe muss von allen instinktiv *wahrgenommen und geteilt* werden. Um spielen zu können, müssen Ihre Musiker und Musikerinnen in der Lage sein, in die Musik einzutreten, und *Ihre Liebe ist die Tür, die es ihnen ermöglicht, dies zu tun – gemeinsam.*

15) Bereiten Sie die Verbindung mit den Musikern vor

Wenn Sie Ihre Aufmerksamkeit auf eine Musikerin (oder eine Gruppe von Musikern) lenken, um sie zum Spielen einzuladen, übermittelt vor allem die *Art* und die *Antizipation*, mit der Sie Ihren Blick richten, eine musikalische

Botschaft. Sprechen Sie die Englischhorn-Spielerin nicht allein deshalb an, weil Sie eine Stelle in Ihrer Partitur mit einem farbigen Stift markiert haben; tun Sie es, weil Sie es wirklich *möchten*, und vermitteln Sie die *Freude* an dieser geteilten musikalischen Erfahrung.

Oft wird gesagt, dass der Zeitpunkt dieser Interaktion mit einem Musiker dem Tempo des Stücks entsprechen sollte: In einem *Presto* gibt man nicht Dreiundsechzigstel-Auftakte und in einem *Largo* bereitet man den Auftakt nicht zwei Takte im Voraus vor … Diese Richtlinie ist im Allgemeinen gültig. Bedenken Sie jedoch, dass die Dauer dieser Verbindung mit Ihrem Musiker nicht nur vom Ausführungstempo abhängt, sondern auch (und in erster Linie) *von der Emotion, die Sie vermitteln möchten*. Es kann selbst in einem langsamen Tempo Momente geben, in denen mehrere Sekunden des Kontakts erforderlich sind, um eine bestimmte Emotion zu entwickeln. Seien Sie jedoch vorsichtig, da ein zu langer Kontakt die Spontaneität des gewünschten Gefühls ersticken könnte. Kurz gesagt, der richtige Zeitpunkt ist *psychologisch*, nicht nur abstrakt an das metronomische Tempo der Ausführung gebunden.

16) Vergangenheit, Gegenwart und Zukunft

Wenn Sie dirigieren, sollte Ihre Aufmerksamkeit ständig zwischen Vergangenheit, Gegenwart und Zukunft schwanken: Inspiriert von der *Erinnerung* an die gerade gespielten Takte und hörend, was *jetzt* passiert, leiten wir zum musikalische *Projekt*, das wir im Sinn haben.

17) Raum und Gesten-Geometrie

Ihre Gesten sollten auf einen imaginären Raum *zentriert* sein. Dieser Raum hat eine *variable Größe* und ist in Bezug auf die Position des Dirigenten *beweglich* (er kann höher, tiefer, leicht nach rechts oder links gelagert sein). Durch das Zentrieren der Geste sollte, wenn die Dirigentin den Taktstock (oder die Hand) an einer beliebigen Stelle in diesem Raum hält, der Musiker *bereits* wissen, *wie weit* er sich zum nächsten Punkt bewegen kann – er kann somit die Dauer der Bewegung *im Voraus erahnen*. Es darf jedoch nicht die *Wahrnehmung eines (natürlichen) Raums* mit einer starren Geometrisierung der Geste verwechselt werden: Durch wiederholendes Dirigieren derselben geometrischen Figur[48] (Halbkreis, Dreieck, Quadrat, ‚U'-Bewegungen …) wird die Präzision nicht gesteigert, sondern die Aufführung wird *flacher*, was letztendlich die Banalität, Vorhersehbarkeit, Wiederholbarkeit und Monotonie dieser *so präzisen geometrischen* Geste selbst widerspiegelt.

48 Wie oft von den dirigierenden Geometern zeitgenössischer Musik praktiziert.

18) Den Körper achten!

Abschließend finden Sie hier eine nicht erschöpfende Liste einiger häufiger Fehler im Zusammenhang mit der Körperlichkeit des Dirigierens, die auch die vorherigen Punkte berücksichtigt:

- *Zu viel Bewegung*: Das Beugen der Knie, kontinuierliches Verschieben auf dem Podium, zu viel Bewegung mit dem Kopf (und den langen Haaren, falls vorhanden) hat keinen Einfluss auf die musikalische Ausrichtung, sondern stört und lenkt die Musiker ab.
- *Spannung nach einem Aufschwung nicht lösen*: Ein Auftakt – ob kurz oder lang – hat immer eine gewisse *Spannung* (nicht mit *Steifheit* zu verwechseln). Die darauffolgende Geste muss diese Energie *vollständig freisetzen*. Achten Sie darauf, die nachfolgende Abwärtsbewegung *nicht zu bremsen* oder nur *zu begleiten*, egal ob sie lang oder kurz ist. Wenn die Geste nach dem Auftakt lang sein muss (zum Beispiel, um eine Note zu halten), muss sie dennoch *frei* und *gerichtet* sein.
- *Das Anhalten der Geste*: Jede Unterbrechung der Geste eines Dirigenten (oder eines Instrumentalisten) entspricht einer Unterbrechung des musikalischen Flusses. Lassen Sie Ihre Geste niemals komplett

stoppen, es sei denn, Sie möchten klar zwei Phrasen *trennen*.[49]

- *Zum nächsten Schlag eilen*: Dieser Fehler verfälscht die Bedeutung des Dirigats vollständig, da nicht die *Schläge* betont werden sollten, sondern *der Raum dazwischen* erlebt und geformt werden muss. Das Beschleunigen der Geste zum nächsten Schlag verrät, dass Sie nicht zuhören oder atmen, sondern nur *zählen*, und zwingt Ihre Musiker dasselbe zu tun.
- *Das Versteifen einer oder beider Hände*: Die Form der Hand sollte ein Gefühl von *Schönheit* und *Sicherheit* vermitteln; versuchen Sie, eine entspannte und konsistente Position der Finger zu haben, wenn Sie Ihre Hand öffnen (sind sie geschlossen oder gespreizt? gestreckt oder gerundet?). Wenn Sie einen Kreis zwischen Daumen und Zeigefinger bilden, sollte keiner der beiden Finger hervorstehen. Der Taktstock sollte *fest* gegriffen sein (Sie dürfen ihn nicht fallen lassen), aber *flexibel* (Sie dürfen ihn nicht zusammendrücken!).

---

49 Wie bereits erwähnt (siehe Anm. 46), stoppen viele Dirigenten, die auf zeitgenössische Musik spezialisiert sind, fast systematisch ihre Geste auf jedem Schlag, verwandeln sich in Metronome und die Musik in ein silbenweises Stottern.

XII
Die Beziehung zum Solisten

In der Praxis der Aufführung eines Solokonzerts ist es heutzutage üblich, ein paar Tage Probenzeit mit dem Orchester zu haben und dann oft nur für eine abschließende Probe die Solistin hinzuzuziehen. In dieser Situation, selbst wenn Dirigent, Orchester und Solist alle exzellent sind, führt das Ergebnis fast zwangsläufig zu einer *falschen* Interpretation. Denn so wird die begrenzte Zeit, die für das gemeinsame Proben zur Verfügung steht, vom Dirigenten hauptsächlich genutzt, um dem Solisten zu *folgen*, die Dynamik des Orchesters an Stellen zu überprüfen, wo das Gleichgewicht ein Problem sein könnte, und falls notwendig, *ein Paar wenige* musikalische Beziehungen zu verfeinern.

Das Problem ist jedoch, dass das Verständnis der Bedeutung einer Komposition (das Erkennen ihrer Figuren), die Art, wie man Zeit atmend erlebt und bewohnt, und alle anderen Aspekte, die wir bisher besprochen haben, in so kurzer Zeit nicht explizit vermittelt werden können. Als Konsequenz führen, trotz der guten *Synchronie* zwischen Solist und Orchester (sie spielen ‚zusammen'), die Dirigentin und der Solist tatsächlich zwei unterschiedliche und manchmal sogar unvereinbare Interpretationen auf, was dem Publikum eine widersprüchliche und sinnlose Aufführung bietet.

Die komplexe wirtschaftliche Realität eines modernen Orchesters sollte keine Entschuldigung sein, eine solche Verzerrung zu tolerieren. Jeder Dirigent sollte zunächst Solisten auswählen, die musikalisch kompatibel sind (oder zumindest nicht allzu weit entfernt), und dann die nötige Zeit einplanen, um eine gemeinsame Interpretation gedeihen zu lassen.

Die Unterschiede im musikalischen Verständnis mit einer Solistin werden noch klarer, wenn wir zwei Aufführungen mit demselben Dirigenten und Orchester von der Musik desselben Komponisten betrachten: Nikolaus Harnoncourt mit dem Chamber Orchestra of Europe und der Musik von Robert Schumann.

Hören wir uns zunächst die Aufnahme von Schumanns Klavierkonzert mit Martha Argerich an: Die argentinische Pianistin konzipiert Zeit, Raum, Artikulationen, Phrasen und ihre innere zeitliche Organisation in fast gegensätzlicher Weise zu der des österreichischen Dirigenten. Es scheint fast, als ob Solistin und Orchester während zwei unterschiedlicher Konzerte aufgenommen und dann basierend auf einer zufälligen *metronomischen* Synchronie übereinandergelegt wurden!

Im Gegensatz dazu gelang es Harnoncourt, eine organisch vereinheitlichte Interpretation von Schumanns Violinkonzert zu gestalten, indem er gemeinsam mit Gidon Kremer offensichtlich eine Arbeit von großer musikalischer Tiefe unternahm: Orchester und Solist könnten nicht homogener und zusammenhängender sein, fast wie verschiedene Teile des gleichen Organismus.

Tatsächlich scheint uns diese letztere Aufführung das Modell einer idealen Beziehung zwischen Dirigent und Interpret zu sein, und, so streng diese Aussage auch klingen mag, der *einzig* ernsthafte und fruchtbare Weg der Zusammenarbeit mit einem Solisten.

XIII
Maieutische Lehre, Projektive Lehre (mit einer Anmerkung zur Pädagogik von György Kurtág)

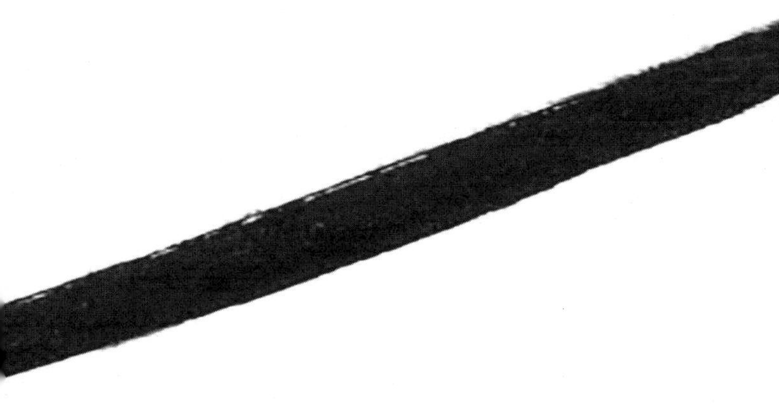

Wir haben über das Zuhören, die Intuition der Form, Technik und Humanismus, das Zusammentreffen von Atem und Metrum gesprochen. Welche Relevanz haben all diese Ideen für den *praktischen* Akt des Dirigierens? Es ist offensichtlich, dass die bisher präsentierten Ideen (wie letztendlich jede Idee) nutzlos wären, wenn sie uns nicht zu einer echten *transformativen* Erfahrung inspirieren könnten. Ein guter Lehrer ist einer, der weiß, wie er sein Wissen in den Dienst der inneren Transformation der Lernenden stellen kann.

Damit unsere Gesten nicht *mechanisch*, sondern wirklich *ausdrucksstark* sind, müssen wir uns daran erinnern, dass die Bewegungen eines geschickten Dirigenten zu einem großen Teil *archetypisch* sind. Mit anderen Worten, sie ähneln den Bewegungen, die eine Person, auch eine Nicht-Musikerin, in einer alltäglichen Geste machen könnte, um eine ähnliche Emotion auszudrücken.[50] Die *Technik* des Dirigierens besteht nun darin, diese *natürlichen* und *spontanen* Bewegungen in Gesten zu *über-*

50 Selbstverständlich meinen wir eine gesunde und authentische Geste, nicht eine neurotische ...

setzen), die ihre wesentlichen Eigenschaften behalten und gleichzeitig so kommunikativ wie möglich auf die Musikerinnen vor uns wirken.

Diese Kommunikativität steht in direktem Verhältnis zur *Aufrichtigkeit* der Geste, das heißt zu ihrer tatsächlichen Verbindung mit unserer emotionalen Sphäre. Wenn eine Geste, auch eine scheinbar wirksame, diese emotionale Spontaneität verliert und *bewusst* wird, wird sie gleichermaßen *grotesk*. Stellen Sie sich vor, Sie müssten ein Glas Wasser anheben, indem Sie *rational* über alle notwendigen Bewegungen nachdenken: Ihren Arm ausstrecken, um das Glas zu erreichen, die Finger der Hand öffnen, sie schließen (nicht zu wenig, um das Glas nicht fallen zu lassen, aber nicht zu viel, um es nicht zu zerdrücken), den Bizeps aktivieren und eine Drehbewegung ausführen, um das Glas zum Mund zu bringen – und dann (Hilfe!) den Mund öffnen, beginnen, die Zunge zu bewegen (aber wie?) zusammen mit verschiedenen Teilen des Rachens und des Halses, das Handgelenk drehen, um das Wasser zu kippen … Inzwischen haben Sie sich wahrscheinlich verschluckt und Ihre Ungeschicklichkeit wird jeden Beobachter amüsiert haben.[51]

---

51 Tatsächlich wird wahre Bewusstheit erreicht, wenn der Inhalt so tief integriert ist, dass er zu einer Selbstverständlichkeit wird, von der wir in gewisser Weise *wissen*, uns seiner aber nicht ständig *bewusst* sind; wir haben wirklich gelernt, Auto zu fahren, wenn wir all den Gesten, die den

Dieses Beispiel (nur scheinbar übertrieben) beschreibt genau das, was mit einem *mechanistischen* Ansatz zur Technik geschieht (beim Dirigieren genauso wie beim Singen oder Spielen eines Instruments), der leider heute weit verbreitet ist. Selbst eine noch so *wissenschaftliche* Kenntnis der Muskeln und Bewegungen, die beim Trinken eines Glases Wasser (oder beim Musizieren) beteiligt sind, hilft auch nicht im Geringsten, besser zu trinken (oder zu musizieren). Selbst wenn wir durch wiederholte mechanische Übungen lange geübt hätten, unsere Ungeschicklichkeit in diesen erlernten Bewegungen zu beseitigen, würden wir bestenfalls zu geschickten Robotern werden.[52]

Dennoch erfordert die Arbeit an *emotionaler Authentizität* und Sinn für Musik auch große Vorsicht seitens des Lehrers. Der Autor hatte das große Glück, an vielen

---

Akt des Fahrens ausmachen, keine Aufmerksamkeit mehr schenken.

52 Im Bereich des italienischen Belcanto-Unterrichts scheint der renommierte Sänger und Pädagoge Antonio Juvarra ähnliche Positionen wie unsere vertreten zu haben, wie bereits durch die Titel einiger seiner Bücher angedeutet wird: *Belcanto e meccanocanto* (*Belcanto und Mechanocanto*); *L'uomo che non volle farsi robot e altri saggi sul canto* (*Der Mann, der sich weigerte, ein Roboter zu werden, und andere Essays über das Singen*); *In te si canta. Uscire dalla prigione foniatrica ed entrare nell'universo del canto* (*In dir wird gesungen. Aus dem phonetischen Gefängnis ausbrechen und in das Universum des Singens eintreten*).

Unterrichtsstunden und Proben von György Kurtág, einem Musiker von außergewöhnlicher Tiefe und Intensität, teilzunehmen und sie zu beobachten. Seit fast einem Jahrhundert nehmen viele der weltweit besten Interpreten regelmäßig Unterricht bei dem heute siebenundneunzig Jahre alten ungarischen Komponisten, um Bach, Mozart, Schumann, Bartók zu studieren … Ein Unterricht bei Kurtág ist eine erschütternde Erfahrung, sowohl musikalisch als auch existenziell; der Schüler findet sich oft wieder, wie er denselben Takt stundenlang spielt, weil Kurtág es nicht erlaubt, zur nächsten Note überzugehen, bis in der Seele des Interpreten *etwas geistig Wahres* geschehen ist: Man muss sich, wie Kurtág sagt, jede Note, jeden Teil der musikalischen Rede (jede Dynamik, jedes Sforzando, jede Modulation …) *verdienen*, um *moralisch* befugt zu sein, fortzufahren. Diese Aufgabe ist umso anspruchsvoller, als dass die Poetik eines Komponisten sich sowohl horizontal (das *erzählerische* Element) als auch vertikal (sein *Stil*) entwickelt: Mit anderen Worten, das gesamte poetische Universum eines Komponisten findet sich *in jeder Note*, und daher erfordert jede Note höchste spirituelle Präsenz von der Interpretin. Diese edle moralische Haltung, kombiniert mit einem tiefen musikalischen Verständnis, machen Kurtág zweifellos zu einem der größten Musiker der letzten beiden Jahrhunderte.

Und doch, während wir das Genie des ungarischen Meisters erkennen und bewundern, erlauben wir uns eine methodische Kritik, die unserer Meinung nach auch auf andere Lehrer zutreffen und unseren Lesern nützlich sein könnte. Wir haben gesagt,[53] dass jede Interpretation eine Begegnung ist. Das bedeutet, dass wir nicht eine archetypische, nicht-existente Ausführung einer Partitur anstreben sollten, sondern dass jeder einzelne von uns dieser Komposition *aufrichtig* begegnen muss, *im Einklang mit unserer Persönlichkeit und unserer Fähigkeit, sie zu verstehen*. Viele Lehrer hingegen versuchen nicht, in der Schülerin *das Verlangen nach einer Begegnung mit der Musik zu wecken* (einer Begegnung mit zwangsläufig unvorhersehbaren musikalischen Ergebnissen), sondern möchten ihnen die Emotion auferlegen, die aus *ihrer eigenen* Begegnung mit dieser Musik entstanden ist.

Der Fall Kurtág scheint uns bezeichnend für diesen pädagogischen Fehler zu sein, und wir haben uns entschlossen, ihn als Beispiel zu nehmen, genau weil die außergewöhnlich hohe Qualität seiner musikalischen Lehre es besonders herausfordernd macht, dies zu erkennen. Was könnte schließlich schöner sein, als unsere Schüler auf ihrer musikalischen Reise *moralisch* zu *stärken*? Der Punkt ist, dass es genauso falsch ist, die sichtbaren Bewegungen eines anderen Musikers äußerlich

53 Siehe Kapitel IV *Musikalischer Stil und Interpretation*.

nachzuahmen wie die *unsichtbaren Motivationen* von innen zu kopieren.

Die ethische Unnachgiebigkeit, zu der Kurtág die Musiker während der Proben anhält, ist ohne Zweifel ein Zeichen seines Respekts und seiner Liebe für die Musik; eine solche *moralische Strenge* scheint uns aber gleichzeitig auch eine Form von *ethischer Überkompensation* zu sein, durch die Kurtág versucht, sich der Musik, die er spielt, würdig (oder besser gesagt, weniger unwürdig) zu erweisen (ein ähnlicher moralischer Aufwand kennzeichnet die Poetik von vielen Künstlern, die in ihrem Schaffen ihre Schuldkomplexe oder Minderwertigkeitsgefühle verklären).

Aber auch wenn György Kurtág oder Franz Kafka oder Ingmar Bergman einen solchen Ausgangspunkt für ihre Kunst haben oder sogar brauchen, dürfen wir dennoch niemals vergessen, dass die *psychologischen* Bedingungen, unter denen man sich der Welt öffnet, *kein universelles Schicksal darstellen* und für andere Menschen keine Verpflichtung sein sollten.

Ganz im Genteil, begegnet jeder Mensch der Musik (und der Welt! und noch vor der Welt, sich selbst) aus seiner *ursprünglichen Wunde*,[54] aus seiner einzigartigen

54 Die Psychoanalyse definiert die *primäre Verletzung* als ein ungelöstes Trauma, das das Fundament des „falschen

Art, Dinge wahrzunehmen und zu atmen. Kurz gesagt, die unterschiedlichen Wertehorizonte, aus denen wir uns der Musik öffnen, sind das persönlichste Element unserer musikalischen Interpretation und genau das, was *nicht* auf eine andere Person übertragen (oder schlimmer noch, ihr aufgezwungen) werden kann.

Die *Intensität* und *Notwendigkeit* unseres Verlangens müssen wir durch unser Beispiel vermitteln, nicht *seine spezifische Qualität*. Wir müssen der Schülerin unsere Flamme für die Musik mitteilen, ihr helfen, alles aufzulösen, was zwischen ihr und *ihrem* Verlangen steht (Steifheit, mangelndes Zuhören), wir können sie in das Verständnis des musikalischen Textes begleiten, aber wir dürfen niemals auf eine andere Person die *spezifischen Form des Verlangens* projizieren, die *unsere* Beziehung zur Musik auszeichnet. Lehren bedeutet, *den Schülern zu helfen, sie selbst zu werden*, und mit Liebe zu akzeptieren, dass ihr Selbst zwangsläufig anders sein wird als das, wovon *wir* einmal geträumt haben, was wir einmal versuchten zu werden.

Selbst" bildet und die Entwicklung des „wahren Selbst" behindert. Im Gegensatz dazu verweisen wir auf die tugendhafte Verletzung, wie sie von Jean Genet beschrieben wird: „An der Schönheit ist nur die Wunde ursprünglich, die jeder Mensch in sich hütet, einzigartig, für jeden verschieden, sichtbar oder versteckt – die er wahrt und zu der er sich zurückzieht, wenn er die Welt für eine vorübergehende, aber tiefe Einsamkeit verlassen will." (Jean Genet: *Alberto Giacometti*, Scheidegger & Spiess, Zürich, 2004).

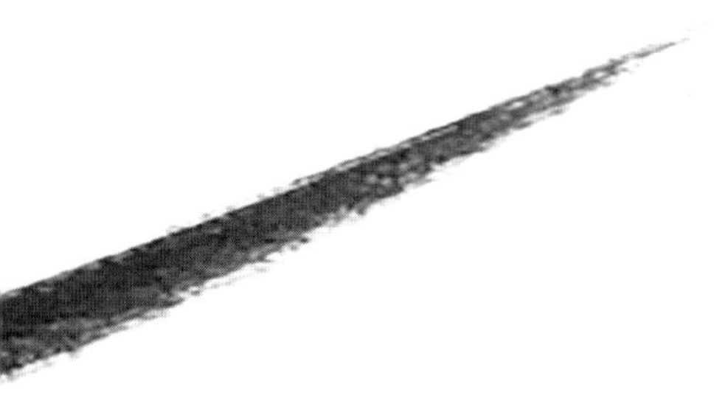

XIV
Eine Natürliche Geste

Ein schönes Lied des italienischen Liedermachers Giorgio Gaber (1939–2003) trägt den Titel *Cerco un gesto naturale [Ich suche eine natürliche Geste]*. Der Text deutet auf einige für jeden Musiker und jede Musikerin (und nicht nur für sie!) grundlegende Aspekte. Wir ermutigen zum Hören des Lieds in seiner Gesamtheit und werden hier einen Teil des Textes zitieren:

Ich beobachte mich von außen, als wären wir
zwei Personen
Ich beobachte meine Hand, wie sie sich bewegt,
ihre Entschlossenheit
Von außen ist klar zu sehen, dass diese Geste
nicht wahr ist
Und ich spüre, dass ich in dieser Bewegung
nicht da war[55]

Eine Geste kann technisch effizient sein (die Hand ist ‚entschlossen'!), aber dennoch *falsch*, weil sie nicht zu

55 Mi guardo dal di fuori come fossimo due persone / Osservo la mia mano che si muove, la sua decisione / Da fuori vedo chiaro, quel gesto non è vero / E sento che in quel movimento io non c'ero. (Unsere Hervorhebungen).

uns gehört. Wie wir im Laufe dieses Buches mehrmals betont haben, sollte jede Geste, bevor sie wahrhaftig *entschlossen* sein kann, *authentischem Zuhören* entspringen.

Manchmal halte ich inne und beobachte den
Rauch einer Zigarette
Der Mund bleibt offen, vielleicht zu lange,
dann schließt er sich schnell
*Es ist klar zu sehen, dass ich nach einem
Ausdruck suche
Welche Entfremdung, welcher Aufwand
in diesem Vorwand von mir*[56]

Jede unauthentische expressive Geste *erfordert Anstrengung*; im Gegensatz dazu ist jede authentisch erlebte Geste in gewisser Weise immer angenehm. Viele Dirigenten tragen eine technische Maske: Ihr Verhängnis ist, dass diese Technik wirksam *ist* (das Orchester spielt im Takt, die Dirigentin schafft es zumindest, die grundlegenden Informationen ihrer Interpretation zu vermitteln – Agogik, Dynamik, Charakter …), aber sensiblere Menschen werden immer die Unauthentizität ihrer Gesten bemerken und sie als *inszenierte Haltungen* wahrnehmen …

---

56 A volte mi soffermo e guardo il fumo di una sigaretta /
La bocca resta aperta forse troppo, poi si chiude in fretta /
Si vede chiaramente che cerco un'espressione /
Che distacco, che fatica questa mia finzione

Du musst sein wie ein Mensch, wie ein Heiliger,
wie ein Gott
Für mich gibt es immer nur Wie, und es gibt
kein Ich[57]

Heutzutage ist das Studium, nicht nur das der Musik, auf das Wie des Handelns ausgerichtet. Wir haben vergessen, uns nach dem *Warum* der Dinge zu fragen. Wir haben vergessen, dass nur das Hinterfragen des Warum uns zu praktischen Lösungen, zu einem Wie führen kann, das für uns wirklich *Sinn* hat.

Schließlich scheint uns der Refrain des Liedes eine schöne Art zu sein, unser Buch abzuschließen:

Ich suche eine Geste, eine natürliche Geste
Um sicher zu sein, dass dieser Körper mir gehört
Ich suche eine Geste, eine natürliche Geste
Ganz, wie unser wahres Selbst[58]

---

57 Devi essere come un uomo, come un santo, come un dio / Per me ci sono sempre i come e non ci sono io

58 Cerco un gesto, un gesto naturale / Per essere sicuro che questo corpo è mio / Cerco un gesto, un gesto naturale / Intero come il nostro io

Danksagungen

Dieses Buch ist das Ergebnis von dreißig Jahren leidenschaftlichen Musikstudiums, der unaufhörlichen Bemühung um Selbstkritik in meiner Rolle als Dirigent und der aufmerksamen Beobachtung geschickter und weniger geschickter Dirigenten und Dirigentinnen, mit denen ich im Laufe meiner Karriere als Musiker zusammenarbeiten konnte. Dennoch würde es ohne den liebevollen Einfluss einiger Personen, denen ich unendlich dankbar bin, nicht existieren. Hier möchte ich zumindest an folgende Personen erinnern:

Andrea Pestalozza, mein unvergesslicher Lehrer, zuerst für Schlaginstrumente, dann für das Cimbalom und schließlich für das Orchesterdirigieren. Alles, was ich mit Musik tun kann, verdanke ich seiner Tiefe, seinem „technischen" Ansatz, der auf dem Zuhören basiert, und seiner enormen Großzügigkeit.

Die leidenschaftlichen und endlosen Diskussionen mit **Dina Pysarenko**, **Silvana Torto** und **Ihor Zavhorodnii**, die viele der in diesem Buch präsentierten Reflexionen inspiriert haben (Stil als Traum der Vergangenheit, die Haus-Maschine und der Herd, Form und Archetypen in der Musik …).

Die wertvollen Einblicke des verstorbenen **Valerii Ivko** (zur Beziehung zwischen Metrum und Zeit), von **Antonio Juvarra** (zu den Schäden eines mechanistischen und pseudo-wissenschaftlichen Ansatzes der instrumentalen Technik) und meinem Vater **Giacomo Gaggero** (zu Stil, Zeitlichkeit, Interpretation und Zuhören).

Das Vertrauen und die Freundschaft von **Sasha Andrusyk** und **Eugene Shimalsky**, die mein Leben verändert haben, indem sie mir die Gelegenheit gaben, das Ukho Ensemble in Kiew mitzubegründen und zu dirigieren.

Die brüderliche Zuneigung und Ermutigung meines lieben Freundes **Davide de Martis**.

Bibliographie

Aus verschiedenen Perspektiven haben diese Texte, mehr oder weniger bewusst, einige der in diesem Buch ausgedrückten Überlegungen inspiriert.

Boulez P., Vermeil J., *Conversations de Pierre Boulez sur la direction d'orchestre avec Jean Vermeil*, Paris, Calmann-Lévy, 1989.

Boulez P., *Penser la musique aujourd'hui*, Paris, Gonthier, 1963.

Florenski P. A., *Pis'ma s Dal'nego Vostoka i Solovkov*, Moskau, Mysl', 1998 (Italienische Ausgabe: *Non dimenticatemi*, übersetzt von Giovanni Guaita, Leonid Charitonov, Mailand, Mondadori, 2009).

Florenski P. A., *Analiz prostranstvennosti i vremeni v khudožestvenno-izobrazitel'nyh proizvedenijakh / Lekcii vo VHUTEMAS'e*, Moskau, Progress, 1993 (Italienische Übersetzung: *Lo spazio e il tempo nell'arte*, übersetzt von Nicoletta Misler, Turin, Adelphi, 1995).

Furtwängler W., *Gespräche über Musik*, Leipzig, Brockhaus, 1978.

Gaggero G., *Esperienza musicale e musicoterapia*, Sesto San Giovanni, Mimesis, 2003.

Gaggero G., *Comprendere l'altro. Il circolo ermeneutico della relazione d'aiuto*, Sesto San Giovanni, Mimesis, 2013.

Gaggero L., *"Wo sind wir?"* in Musik & Ästhetik, Heft 105, Tübingen, Klett-Cotta, 2023.

Geck M., *Beethoven*, München, Siedler, 2017.
Genet J., *L'atelier d'Alberto Giacometti*, Paris, Gallimard, 2007.
Gruber S., *Unmöglichkeiten sind die schönsten Möglichkeiten. Die Sprachbilderwelt des Nikolaus Harnoncourt*, Salzburg, Residenz Verlag, 2003.
Hahn R., *Du chant*, Éditions Gallimard, Paris, 1957 (Italienische Übersetzung: *Lezioni di canto, Parigi 1913*, übersetzt von Giovanni Morelli, Venedig, Marsilio Editori, 1990).
Harnoncourt N., *Mozart-Dialoge*, Kassel, Bärenreiter, 2018.
Harnoncourt N., *„Töne sind höhere Worte" – Gespräche über romantische Musik*, Salzburg, Residenz Verlag, 2014.
Harnoncourt N., *Musik als Klangrede*, Kassel, Bärenreiter, 1982.
Heidegger M., *Der Feldweg*, Frankfurt am Main, Vittorio Klostermann, 1989.
Ivko V., *Transcriptions of the Lessons on Musical Interpretation given by Valerii Ivko in 2008 at the State Music Academy Sergei Prokofiev in Donetsk, Ukraine* (unveröffentlicht).
Juvarra A., *Le riflessioni di Giambattista Mancini, maestro di canto alla corte di Vienna*, Padua, Armelin Musica, 2018.
Kirkpatrick R., *Interpreting Bach's Well-Tempered Clavier: A Performer's Discourse of Method*, Yale University Press, 1987.
Kurtág G., *Entretiens, textes, dessins*, Genf, Contrechamps, 2009.
Ruskin J., *The Stones of Venice*, Columbia University Press, 1972.
Scherchen H., *Lehrbuch des Dirigierens*, Leipzig, Weber, 1929.
Severino E., *Tecnica e architettura*, Mailand, Raffaello Cortina, 2003.
Severino E., *Il bello*, Sesto San Giovanni, Mimesis, 2011.
Stanislavskij K. S., *An Actor prepares*, Theatre Arts, Inc., 1936 (Italienische Übersetzung: *Il lavoro dell'attore su se stesso*, übersetzt von Elena Povoledo, Bari, Laterza, 2008).
Tarkovsky A., *Zapečatlënnoe vremja* (Italienische Übersetzung: *Scolpire il tempo*, übersetzt von Vittorio Nadai, Florenz, Ist. Internazionale Tarkovskij, 2015).
Torto S., *Cantabile ostinato*, Rom, Gruppo Albatros, 2013.
Wagner R., *Über das Dirigieren*, Leipzig, Breitkopf & Härtel, 1914.